Faça a escolha certa

Dados Internacionais de Catalogação na Publicação (CIP)
(Câmara Brasileira do Livro, SP, Brasil)

Vaswani, J.P.
  Faça a escolha certa / J.P. Vaswani ; tradução Karen Clavery Macedo. – Petrópolis, RJ : Editora Vozes, 2022.

  Título original: Make the right choice
  ISBN 978-65-5713-431-3

  1. Autoajuda 2. Destino 3. Mudanças de vida 4. Transformação 5. Vida espiritual (Hinduísmo) I. Título.

21-95050   CDD-290

Índices para catálogo sistemático:
1. Escolhas : Vida espiritual 290

Maria Alice Ferreira - Bibliotecária - CRB-8/7964

J.P. VASWANI

Faça a escolha certa

Tradução de Karen Clavery Macedo

Petrópolis

© J.P. Vaswani 2019.
Edição brasileira publicada por intermédio da Agência Literária Montse Cortazar (www.montsecortazar.com).

Tradução realizada a partir do original em inglês intitulado *Make the Right Choice*

Direitos de publicação em língua portuguesa – Brasil:
2022, Editora Vozes Ltda.
Rua Frei Luís, 100
25689-900 Petrópolis, RJ
www.vozes.com.br
Brasil

Todos os direitos reservados. Nenhuma parte desta obra poderá ser reproduzida ou transmitida por qualquer forma e/ou quaisquer meios (eletrônico ou mecânico, incluindo fotocópia e gravação) ou arquivada em qualquer sistema ou banco de dados sem permissão escrita da editora.

CONSELHO EDITORIAL

Diretor
Gilberto Gonçalves Garcia

Editores
Aline dos Santos Carneiro
Edrian Josué Pasini
Marilac Loraine Oleniki
Welder Lancieri Marchini

Conselheiros
Francisco Morás
Ludovico Garmus
Teobaldo Heidemann
Volney J. Berkenbrock

Secretário executivo
Leonardo A.R.T. dos Santos

Diagramação: Sheilandre Desenv. Gráfico
Revisão gráfica: Alessandra Karl
Capa: Felipe Souza | Aspectos

ISBN 978-65-5713-431-3 (Brasil)
ISBN 978-93-86215-70-3 (Índia)

Este livro foi composto e impresso pela Editora Vozes Ltda.

Sumário

Prefácio, 7

1. Você tem uma escolha, 13
2. Vivendo no aqui e no agora, 23
3. Você é único, 31
4. Seja o seu melhor amigo, 42
5. Tudo está em suas mãos, 49
6. Escolha o seu estilo de vida, 57
7. Não é tão difícil quanto se pensa, 69
8. Primeira afirmação positiva: "Confiarei e ouvirei a minha voz interior", 74
9. Segunda afirmação positiva: "Cultivarei e apreciarei os relacionamentos amorosos", 80
10. Terceira afirmação positiva: "Mudarei o meu pensamento e a minha vida", 88
11. Quarta afirmação positiva: "Enfrentarei a vida com coragem", 100
12. Quinta afirmação positiva: "Cultivarei a atitude de gratidão", 107
13. Sexta afirmação positiva: "Praticarei a virtude do perdão que cura a mim e aos outros", 119
14. Sétima afirmação positiva: "Escolherei a bondade", 130

Prefácio

Você pode escolher ser o que deseja ser! A sua vida, o seu futuro, os seus sonhos e o seu destino estão em suas capazes e seguras mãos. Para formar a sua vida e o seu destino, tudo o que você precisa fazer é a escolha certa para provocar a transformação positiva que você deseja.

Sim! Você tem em seu interior o poder (*shakti*) capaz de transformar a sua vida. Você tem a capacidade de descobrir o seu próprio potencial; de reescrever a sua história; de assumir o controle da sua própria vida; de descobrir a alegria, que é um direito seu desde seu nascimento; de ter uma vida como a de um príncipe ou a de uma princesa, pois você é filho de Deus, que é o Rei dos reis.

Deus dotou cada um de nós com o livre-arbítrio, e todos nós temos a liberdade de mudar o nosso destino em todos os momentos da vida. Em outras palavras, nós temos a liberdade de escolha para agir; para escolher entre o certo e o errado. Em cada etapa da vida, podemos nos esforçar para melhorar a nossa condição. Por meio de nossas ações podemos, de fato, ser bem-sucedidos em mudar o nosso *karma* e assim alterar o nosso próprio destino.

Não devemos ignorar o lado mais sombrio desse poder de escolha: mesmo quando escrevo este texto e enquanto você o lê, milhares de pessoas escolheram beber e dirigir, e estão envolvidas em acidentes rodoviários fatais. E, sem ofender a delicada sensibilidade dos meus leitores, devo também ressaltar que as estatísticas sobre estupros, assassinatos e agressões são horríveis quando consideramos quantos indivíduos optam por crimes violentos a cada minuto, a cada momento, bem aqui neste planeta bom.

Todo este pequeno livro trata das escolhas que fazemos em cada momento da vida.

Não acredita em mim quando digo que você está fazendo uma escolha a cada instante? Agora, neste exato momento, você poderia estar navegando ociosamente na internet; poderia ter escolhido fumar um cigarro ou ter pedido uma pizza; em vez disso, escolheu ler este livro.

Talvez você esteja familiarizado com aquele jovem notável, Nachiketas, cuja história é contada no *Katha Upanishad*. O pai de Nachiketas está executando um *yajna* [ritual ou oblação] que o permitirá ir para o céu. Esse é certamente o maior presente que um homem pode pedir nesta vida, você não acha? Como parte dos requisitos do *yajna*, as oferendas têm de ser dadas aos *brahmins* [brâmanes] e aos pobres. Quando vê seu pai ofertando as vacas velhas e doentes como *daan* [esmolas] no *yajna*, Nachiketas protesta que o pai deve ser fiel ao espírito das injunções das Escrituras, e insiste que deve ofertar coisas mais úteis; na verdade, as melhores que puder oferecer. O pai fica tão indignado com as críticas do rapaz, que entrega Nachiketas a Yama, o senhor da morte, como um presente. Sem se deixar vencer pela situação, Nachiketas espera sem comida e sem água durante três dias e três noites para ver Yama. Este fica arrependido por ter deixado um jovem *brahmachari* [coerente com o Brahma] esperando durante tanto tempo e lhe oferece riquezas e presentes em compensação.

No entanto, o jovem determinado não estava pronto para se contentar com outra coisa senão com o esclarecimento. "Eu vim do reino mortal", ele diz a Yama, "por que então eu escolheria presentes materiais e me contentaria com algo mortal? Eu desejo apenas o que é imortal e eterno".

Yama fica contente com o jovem que rejeitou facilmente os presentes e prazeres mundanos e escolheu a verdade e a sabedoria acima de todo o resto. Em cada rodada do jogo chamado vida, explica Yama, o homem é confrontado por duas escolhas: a prazerosa e a correta. A primeira nos leva aos prazeres mundanos, a última nos leva a Deus. Nachiketas é realmente sábio, pois escolheu a sabedoria em vez da riqueza, a verdade em vez dos prazeres efêmeros.

Yama, o sábio conselheiro, diz para Nachiketas que o nosso corpo é como uma carruagem puxada por cinco cavalos – os cinco sentidos. Quando estamos no lugar do condutor, somos bons e hábeis cocheiros, mantemos os cavalos em segurança sob o nosso controle; caso contrário, os cavalos selvagens irão atrás do que querem. "Os sentidos", Yama diz a Nachiketas, "escolhem sempre *preya*, o caminho agradável que leva apenas à morte e à ruína".

Isso não é verdade? Quando corremos atrás dos prazeres deste mundo a nossa felicidade é apenas momentânea. Pensamos estar bebendo a vida até o fim; mas, na realidade, estamos apenas satisfazendo os sentidos. A indulgência excessiva nos prazeres só pode levar à dor e à desilusão, e acabamos às portas da morte, espiritualmente falidos.

Temos uma alternativa? "Sim, de fato", Yama assegura a Nachiketas. Podemos evitar o caminho prazeroso chamado *preya* e escolher o caminho de *shreya*. O caminho difícil e espinhoso começa na consciência de que não somos os corpos que vestimos e que há mais para nós do que apenas os sentidos e a mente; começa com a consciência de que somos almas imortais e que a nossa casa está no eterno.

A escolha é nossa. Nós temos de escolher entre *preya* e *shreya*. Mas surge uma questão: Quantos de nós conseguem realmente distinguir entre *preya* e *shreya*?

"Espere um minuto, Dada", posso ouvir o protesto de meus jovens leitores. "Acho que não conheci essas jovens que você acabou de mencionar. Quem são *preya* e *shreya*?"

Preya e *shreya* são caminhos que escolhemos para percorrer nesta vida. São escolhas que fazemos como modos de vida. *Preya* nos oferece prazer e satisfação instantâneos, mas suas consequências são de grande alcance e quase sempre negativas. *Shreya*, por outro lado, implica controlar os sentidos e os desejos, requer autodisciplina e autocontrole, além de ter de negar a si mesmo a satisfação que os impulsos inferiores desejam. Mas as recompensas de tamanha abnegação são quase totalmente benéficas e positivas em longo prazo.

Conheço uma jovem que proclama frequentemente, "se a recompensa por tudo isso está no céu, esqueça, não estou interessada". Ela certamente se refere às escolhas difíceis que teve de fazer, e lamenta o fato de ter precisado negar a si própria as opções suaves e fáceis. Mas ela tem razão; terá de esperar por essas recompensas.

Precisa ser indicado que por vezes *preya* também pode levar à ruína instantânea. Veja o caso de um jovem que conduz uma motocicleta cara, potente e veloz que o seu pai rico acaba de lhe presentear; escolher *preya* no seu caso significa conduzir em alta velocidade, levando a potente e sofisticada motocicleta ao seu limite, sem ter em conta os limites de velocidade e os outros veículos que trafegam na estrada. Escolher *shreya* significa cumprir as regras ou os regulamentos de trânsito, resistindo à tentação de conduzir "veloz e furioso", como diz a expressão.

Somos confrontados com a necessidade de fazer escolhas corretas em quase todos os momentos da vida. O que escolhemos:

condução imprudente ou velocidade moderada? Raiva ou perdão? Indulgência ou moderação? Falsidade ou verdade? Berrar e gritar ou explicação paciente? Práticas corruptas ou comportamento correto? E, em um contexto mais amplo, darma ou adarma? Retidão ou transgressão?

Aparentemente a escolha é simples e direta; porém colocá-la em prática é um desafio para alguns de nós. Mas devemos praticá-la se quisermos evitar as armadilhas, os resultados negativos aos quais *preya* inevitavelmente nos levará.

Você tem de escolher entre dois caminhos: o caminho mundano fácil, tentador e sedutor, que o leva à infelicidade; ou o difícil, espinhoso e doloroso caminho espiritual, que o levará à bem-aventurança final. Este o levará ao reino da luz.

Para isso, primeiro você precisa fazer uma escolha. Você tem de decidir por sua própria conta – qual caminho seguir e qual objetivo alcançar.

Você receberá em relação ao que escolher. Pois esta também é uma lei secreta da natureza. A lei do "peça e receberá" funciona de acordo com certos princípios. Você tem de pedir quando a mente está integrada e concentrada. Normalmente, pedimos coisas mundanas. Pedimos quando a mente está turbulenta. Pedimos continuamente; não temos a certeza do que realmente queremos do universo. O universo existe para nos ajudar e retribuir os nossos pensamentos e emoções. Esses segredos do universo não estão escondidos, mas sim abertos a todos.

Uma coisa é certa: você não pode dividir o seu coração em dois. Você não pode dividi-lo e dizer: "está bem, de um lado terei os luxos do mundo, e do outro lado terei o Todo-poderoso, o Iluminado". O Senhor Jesus, há mais de dois mil anos já havia dito a mesma coisa: "Ninguém pode servir a dois senhores ao mesmo tempo". Portanto, escolha o seu caminho, escolha a que ou a quem dará o seu coração, escolha o seu mestre; essa escolha é seguramente sua.

Rezo ao Todo-poderoso para que você sempre *faça a escolha certa*.

1
Você tem uma escolha

Amanhece um novo dia...

O despertador toca: você tem a escolha de sair da cama ou de dormir mais um pouco.

Você acorda. Tem a escolha de pensar em Deus ou de pensar no mundo.

Você decide se levantar da sua cama: você tem a opção de ser grato por um novo dia ou a de se sentir oprimido por todo o trabalho que o espera.

Cada momento da vida nos oferece uma escolha. Um cientista comportamental nos diz que fazemos diariamente cerca de 600 a 3.000 escolhas, consciente ou inconscientemente. Chá ou café; sanduíche ou uma refeição quente; caminhar ou dirigir; vestido azul ou vestido verde; traje formal ou informal; a lista continua.

Existem muitas pessoas neste mundo que não podem se dar ao luxo de ficar diante de um guarda-roupa pensando sobre que vão vestir naquele dia. Mas até mesmo essas pessoas têm a opção de escolher suas atitudes para enfrentar o dia: reclamar, queixar-se ou ser alegre e positivo.

Com que frequência você escolhe sorrir? É uma das melhores escolhas disponíveis para todos nós.

Com que frequência você escolhe ser grato? A ingratidão também é uma escolha deliberada.

Nós temos uma imensa dificuldade para escolher as roupas que queremos vestir, a comida que queremos comer, os cursos que queremos seguir na faculdade, o trabalho que vamos escolher e o local onde vamos morar. Mas não devemos cair no hábito de fazer escolhas baseadas na pura força do hábito ou na consciência superficial. Isso apenas nos torna semelhantes a cavalos de olhos vendados.

A escolha mais importante que todos nós devemos fazer é escolher a Vida, com *vê* maiúsculo; não apenas viver, como uma existência rotineira.

O que é viver verdadeiramente? É fazer uma escolha dos valores, ideais e aspirações que realmente nos interessam. É determinar como vivemos no dia a dia, quais crenças e valores fundamentais prezamos e qual a melhor maneira de cumprir o propósito para o qual viemos a este mundo. Se não conseguirmos fazer essa escolha fundamental, que diferença pode haver entre nós e aqueles seres que consideramos inferiores a nós, nomeadamente os animais, que vivem pelos seus instintos primitivos e sentidos básicos?

Deixe-me compartilhar com vocês esta história que um amigo me contou. Nesta fábula, Deus cria primeiro uma vaca. "Eu lhe dou 50 anos de vida", Ele diz à vaca: "Você ficará ao sol e fará o que o fazendeiro mandar. Você vai gerar bezerros e produzir leite para o fazendeiro".

A vaca não fica muito contente. "Eu não preciso de 50 anos para esse tipo de vida", a vaca diz ao seu Criador. "Pegue de volta 40 anos. 10 anos são suficientes para mim".

Deus então cria o macaco. "Você tem 20 anos para viver", Ele diz ao macaco. "Você pulará de árvore em árvore e fará as pessoas rirem de suas caretas e de seus truques de macaco".

"20 anos para fazer caretas e fazer as pessoas rirem? 10 anos são mais do que suficientes", diz o macaco. "Eu lhe devolvo o resto."

Em seguida Deus cria o cachorro. "Eu lhe dou 20 anos de vida. Você ficará sentado o dia todo na porta da casa de seu dono", ele diz ao cachorro. "Você vai abanar o rabo sempre que seu dono olhar para você. Você vai latir para estranhos e guardar a propriedade do seu dono com a sua própria vida."

"O quê?", o cachorro faz uma careta. "20 anos para ficar sentado na porta da casa de alguém e latir para estranhos? 10 anos são bons o suficiente para mim. Leve o resto embora".

Finalmente, Deus cria o homem e lhe diz: "Você vai comer, dormir, brincar e se divertir no mundo que eu fiz para você. Eu lhe dou 20 anos de vida".

"Não, isso não é justo!", o homem contesta. "20 anos não são suficientes para uma vida como essa. Dê-me todos os anos que a vaca, o cachorro e o macaco lhe devolveram. Isso fará com que a minha vida se prolongue por pelo menos 70 anos". Deus concorda.

Dessa forma, a história é concluída; o homem come, dorme, brinca e se diverte durante 20 anos de sua vida. Depois, ele trabalha o dia todo durante os próximos 30 anos de sua vida. Nos 10 anos seguintes ele faz caretas de macaco e diverte os seus netos. E finalmente ele se senta do lado de fora de sua casa e ladra para as pessoas que passam.

O que fizemos com nossa preciosa vida? Quais foram as escolhas que fizemos durante a vida?

"O *Self** não é algo pronto, mas algo em contínua formação por meio da escolha de ação", escreveu John Dewey, filósofo ame-

---

* Termo inglês para denominar o Eu enquanto centro da personalidade ou núcleo mais profundo do indivíduo, equivalente ao "si mesmo" [nota do editor].

ricano e reformador educacional. Poucos de nós sabemos que Dewey foi aclamado como um "segundo Confúcio" por estudantes e intelectuais chineses quando ele esteve na China por dois anos, entre 1919 e 1921, e proferiu diversas palestras para plateias entusiasmadas. Dewey defendeu com apaixonada convicção de que o povo chinês deveria se concentrar na transformação social e na reforma educacional em vez de se concentrar em uma revolução política. Mas, como a história nos diz, a China, como nação, fez uma escolha diferente.

"Toda a noção de que você tem uma escolha é ilusória, Dada", um amigo me disse há algum tempo. "Não escolhemos os nossos pais nem os nossos familiares; não escolhemos quando vamos nascer ou quando vamos morrer; não podemos entrar em instituições ou em cursos da nossa escolha devido às limitações de admissibilidade; se aceitarmos a noção de casamentos planejados no céu, não temos a liberdade de escolher os nossos parceiros de vida (em todo o caso, os casamentos arranjados são uma escolha dos pais e não do próprio casal); e quer a pessoa viva na China comunista, na próspera América ou na emergente Índia, você não pode escolher quanto dos seus rendimentos pode guardar para si próprio. Então, onde está exatamente essa coisa mítica chamada escolha de que as pessoas falam com tanta eloquência? Parece-me que tudo o que temos é a escolha de Hobson."

Esse é um argumento falacioso! Nós criamos o nosso caráter e o nosso destino por meio de escolhas que fizemos no passado. Mas, agora, temos o presente, e nunca é tarde demais para fazer as decisões e escolhas corretas para que o nosso futuro seja agradável e feito por nossa conta.

Maharishi Valmiki era um *dacoit* [criminoso], mas ele superou o seu destino para se tornar um grande sábio e um compositor imortal, cujo nome estava associado ao Senhor Sri Rama.

Sidarta nasceu príncipe, mas escolheu a estrada menos percorrida; renunciou à riqueza e ao luxo, deixou o reino de seu pai e buscou o esclarecimento. Ele se tornou Buda, aclamado como mestre e guia por milhões de pessoas até hoje.

Todos os dias, em todos os momentos, enfrentamos escolhas cruciais. Comida ruim, pensamentos ruins, sentimentos ruins ou alimentos nutritivos, pensamentos positivos e bons sentimentos; devo comer um pacote de biscoito ou devo morder uma maçã? Devo perder a paciência ou devo ser paciente? Devo invejar o carro novo do meu vizinho ou me alegrar pela felicidade dele?

Cada escolha que fazemos e cada ação que realizamos se tornam uma reação em cadeia. Se ao menos tivéssemos a sabedoria e a visão para parar e perguntar a nós mesmos: "Quais consequências a minha escolha trará para mim e para aqueles que eu amo? Como isso afetará a vida dos outros ao meu redor?"

Não pense que esta seja uma noção rebuscada: pense em um homem que está bebendo; pense em um jovem que está prestes a experimentar drogas; pense em alguém que está planejando enganar ou fraudar outras pessoas. Porque você sabe tão bem quanto eu que atravessar a rua descuidadamente ou dirigir o seu carro em alta velocidade podem ter consequências terríveis! Apenas não estamos conscientes dessas consequências quando fazemos aquilo que nos agrada.

Algumas das mais elevadas e melhores características do ser humano, tais como sabedoria, percepção, discernimento e desapego são acionadas quando fazemos uma escolha.

Pense em um turista inconsequente que fica jogando sacos plásticos, latas e embalagens de chocolate na praia, perto de santuários, de templos e em encostas de montanhas; pense em um homem sensato que recolhe o lixo dos outros e o deposita cuidadosamente na lata de lixo. Agora você percebe o que eu quero dizer?

Permita-me compartilhar com você a história da escolha de Hobson. Hoje a entendemos como "nenhuma escolha" ou apenas como uma falsa ilusão de escolha. Thomas Hobson era proprietário de um estábulo perto de Cambridge, na Inglaterra do século XVI. Ele tinha um estábulo com cerca de 40 cavalos que eram alugados pelos viajantes. Mas se o viajante visse o extenso estábulo e pagasse o valor para alugar um cavalo imaginando que poderia escolher qualquer cavalo que gostasse, bem, o pobre homem estava enganado. Hobson simplesmente não deixava os seus clientes escolherem um cavalo de seu agrado. Ele apontava para o que estava na primeira baia e dizia: "É pegar ou largar. Os outros não estão disponíveis agora". Somente os cavalos mais malcuidados eram oferecidos; os melhores ficavam protegidos apenas para clientes especiais e eram impedidos de serem usados em excesso por todos. Como você pode ver, a escolha de Hobson foi originalmente uma estratégia de negócios.

Nós realmente temos uma escolha? Eu penso que sim. Nós realmente temos a chance de exercer a nossa escolha, de afirmar o nosso livre-arbítrio enquanto fazemos essa escolha? A resposta mais uma vez é sim, eu penso que temos.

Deixe-me avisá-lo desde já. Existem fatores que influenciam a nossa escolha. Há uma questão muito importante que deve ser falada a respeito das influências do ambiente (família, contexto social, um conjunto completo de estímulos sociais que nos influenciam); igualmente poderosa é a nossa natureza básica ou composição mental/física (o que as pessoas chamam de genética); em resumo, toda a questão da "natureza *versus* criação". Mas não é disso que este livro trata; é sobre as escolhas que fazemos em cada momento das nossas vidas, as escolhas que determinam que tipo de pessoa você ou eu acabaremos por ser.

Eu acredito que sempre temos uma escolha!

Nesse caso existem argumentos filosóficos contra o poder de escolha do homem. Um dos conceitos-chave do taoismo é *wu wei*, que significa "não agir" ou "não atuar". O conceito de *wu wei* é complexo e se reflete em múltiplas interpretações da frase: pode significar "não fazer nada", "não forçar", "não atuar" no sentido teatral, "criar nada", "agir espontaneamente" ou até mesmo "fluir de acordo com o momento".

Permita-me dizer que fluir de acordo com o momento ou acompanhar o fluxo não é determinismo passivo ou procrastinação. *Wu wei* é uma escolha que exige pensamento e ação corretos. Antes de mais nada, precisamos entrar no fluxo; precisamos focar nossa atenção no presente. Isso significa libertar as nossas mentes da desordem do passado bem como das preocupações e ansiedades do futuro. É fazer a escolha de nos tornarmos verdadeiramente atentos e conscientes de quem somos e do que estamos fazendo.

Não são essas algumas das escolhas conscientes e difíceis que temos de fazer?

Outro filósofo e pensador chinês, Mêncio, narrou esta parábola sobre um agricultor que voltou para casa tarde da noite depois de um dia exaustivo em suas plantações. Os filhos dele lhe perguntaram ansiosamente: "Pai, o que você estava fazendo"?

"Foi difícil, mas alguém tinha de fazer isso", o agricultor respondeu. "Estava no campo ajudando os rebentos a crescer", ele explicou. Os filhos ficaram preocupados e correram para o campo. Tudo o que encontraram foi um terreno inteiro de rebentos murchos que tinham sido derrubados até o chão e praticamente arrancados à morte.

Nessa história, Mêncio procura explicar o seu próprio conceito de *wu wei*. Todas as coisas naturais requerem um cultivo suave. Precisamos plantar as sementes e regar os brotos; mas, ainda mais importante do que isso, precisamos deixar a natureza seguir o seu curso. E deixar os brotos crescerem.

Wu wei não é falta de ação ou preguiça; é a antítese da luta e da discórdia. Quando é que lutamos? Lutamos quando estamos muito apegados ao resultado ou aos frutos de nossa ação. Quando nos desprendemos de expectativas indevidas de elogio ou culpa, de recompensa ou castigo, nós então agimos espontaneamente, sem nos preocuparmos com o que os outros pensam ou com o que esperamos alcançar. Em resumo, aprender a soltar!

Conheço alguns alunos brilhantes que estudam suas lições e fazem pesquisa e leitura extras durante todo o ano. Eles não fazem disso uma grande questão nem demonstram o seu árduo trabalho. Por outro lado, para alunos medianos, estudar nas férias é um período de intensa tortura e esforço doloroso, uma vez que seu direito a uma vida livre é restringido e cerceado pelas exigências do sistema de exames. Uma mãe sensata me disse que, durante as férias de estudo que precedem a época dos exames, o seu filho passou 10% do tempo estudando e 90% do tempo reclamando ou trocando mensagens com os amigos. É uma questão de escolha.

A escolha não é uma agressão; a escolha não é uma afirmação monstruosa da vontade de cada um. A escolha é, na maioria das vezes, uma tomada de decisão informada. Por vezes, é apenas uma questão de escolher a resposta certa, a atitude certa, para enfrentar as circunstâncias. Muitas vezes a resposta certa a determinada situação pode ser a boa e velha virtude da paciência.

Viktor Frankl, o autor de *Man's Search for Meaning* [*O homem em busca de um sentido*] foi um eminente psiquiatra e terapeuta [*practicing counsellor*] em Viena, antes de ser capturado pelos nazistas e colocado em um campo de concentração. Em meio aos horrores e sofrimentos de Dachau, ele percebeu que a vida tinha um significado; e mesmo que tudo, incluindo o direito de viver, tenha sido tirado de um ser humano, ele ainda ficaria com a "última das liberdades humanas: escolher a sua atitude em qualquer conjunto de circunstâncias; escolher da sua própria maneira".

Tomar uma decisão é uma coisa; colocá-la em prática é questão completamente diferente. Você já ouviu a charada sobre os três sapos em um tronco? Um deles decidiu pular. Quantos você acha que restaram?

A resposta inesperada é esta: ainda tem três sapos no tronco; porque um deles apenas tomou a decisão, mas não teve nenhuma atitude.

A tomada de decisão é um grande passo, porém é apenas metade da batalha. O essencial é fazer a escolha e agir de acordo com ela.

Aqui está uma lista de escolhas que podemos fazer todos os dias:

- escolha Deus;
- escolha a fé: em si próprio, na humanidade e no universo que o rodeia;
- escolha ser positivo;
- escolha ser gentil;
- escolha ser confiante;
- escolha enfrentar cada situação com coragem;
- escolha perdoar e esquecer;
- escolha sonhar;
- escolha acreditar no bem que todos nós somos capazes de fazer;
- escolha ser feliz;
- escolha fazer os outros felizes;
- escolha ficar longe de pessoas negativas;
- escolha rir, especialmente de si mesmo.

Exercícios

1) Quantas vezes você perdeu a calma/paciência ontem?

2) Com que frequência você se sentiu frustrado/decepcionado com situações que teve de enfrentar?

3) Teve alguma oportunidade para mostrar paciência, compreensão e bom humor para as outras pessoas?

4) Você sempre fez a escolha certa?

2
Vivendo no aqui e no agora

Independentemente de outras escolhas que tenhamos de enfrentar na vida, existe uma escolha crucial que todos nós devemos fazer a cada minuto, a cada segundo do dia. Devemos escolher viver no presente e não deixar a sombra do passado ou o medo do futuro afetarem o nosso momento da vida presente.

Obviamente, todos nós estamos vivendo no presente – você pode replicar. Não estamos em uma máquina do tempo que pode nos transportar para o passado ou para o futuro.

É verdade, você está vivendo e respirando agora. O momento presente é o momento que está acontecendo, a única realidade. Mas o seu foco está no momento presente? Você está consciente da santidade da vida, do precioso ar que respira, da absoluta alegria de estar vivo neste momento?

Deixe-me lembrá-lo nas palavras do poeta P.B. Shelley. Ele escreve em seu belo poema *A uma cotovia* [*To the Skylark*]:

>Olho antes e depois
>e busco o que inexiste:
>minha risada pôs-se
>inconsolada e triste
>[doce é o canto que em dizer a dor consiste[1]].

---
1 In: SHELLEY, P.B. *Sementes aladas*. Trad. A. Marsicano e J. Milton. Cotia: Ateliê, 2010 [N.T.].

Nós persistentemente permanecemos no que aconteceu. Agonizamos sobre o que poderia ter acontecido. Nós nos tornamos negativos sobre o presente ou ficamos com medo do futuro. Atormentamo-nos com pensamentos do tipo "teria", "deveria ter" e "poderia ter", tentando em vão reescrever as nossas vidas em pensamentos ilusórios. Definitivamente devemos perceber que esse é um exercício inútil.

Muitos de nós estamos planejando, sonhando e até mesmo criando estratégias para o futuro. Estamos ocupados em estabelecer objetivos a atingir, marcos a atravessar e novos territórios a conquistar. Muitas vezes acumulamos imensas expectativas sobre nós mesmos e sobre nossas vidas. Corremos para fazer isto, apressamo-nos para conseguir aquilo, e tudo isso sem realmente aproveitar o que estamos fazendo.

Não estou desencorajando você a estabelecer objetivos ou a alimentar ambições.

Certamente é bom ter objetivos; mas, uma vez tendo escolhido o seu objetivo, não se perca em devaneios ociosos e em especulações sem fim. As metas pessoais e profissionais exigem que você atue sobre elas; e o momento de agir é agora.

Aqui está um verso de *Dhammapada* (uma escritura budista, tradicionalmente atribuída ao próprio Buda, traduzida por F. Max Müller) que abrirá os seus olhos para a verdade:

> Se uma pessoa estiver desperta, consciente, atenta, pura, solícita, comedida e viver de acordo com o dever, sua glória irá aumentar. Mas ao despertar, pela consciência, pela moderação e pelo controle, o sábio pode fazer para si próprio uma ilha que nenhuma inundação pode dominar.

Quando treinamos para viver no presente, apreciamos a alegria e o próprio ato de viver; nos envolvemos na vida e descobrimos a sua beleza. Aprendemos a nos concentrar. Devemos fazer valer cada momento; temos de abraçar cada momento e valorizar a vida no presente.

Você está desperto, consciente, atento, aqui e agora?

Os nutricionistas dirão que é essencial mastigar lentamente a comida, saborear cada pedaço e degustar todo sabor em cada colherada de comida que você pegar do prato e colocar na boca. Isso é essencial, dizem, tanto do ponto de vista de apreciar a comida quanto para absorver todos os nutrientes e aprender a comer moderadamente para a sua satisfação. A vida é uma refeição saborosa que foi colocada diante de você: você não deveria saborear, desfrutar e viver cada momento desse grande presente?

A plena atenção e o viver no momento presente permitem que você desfrute da riqueza e do tesouro que cada segundo oferece. Se você está preocupado com o passado, ansioso pelo futuro, irritado com as circunstâncias ou apenas chateado com alguém, você joga fora esse tesouro! A atenção lhe dá maior controle e maior consciência de como você interage com as pessoas e de como você reage às situações. Você percebe que é um desperdício atacar com raiva ou ser consumido pelo medo. Você aprende a regular o seu comportamento. Você se torna menos agressivo, menos ressentido e mais pacífico.

Esta é uma história verdadeira sobre uma jovem mãe que teve de deixar o seu emprego e ficar em casa para cuidar do seu filho de dois anos. Ela perdeu os passeios despreocupados, as conversas felizes com os colegas de trabalho, os frequentes sanduíches e as intermináveis xícaras de café. Lá estava ela, amarrada ao lar, com o menino teimosamente agarrado às fitas de seu avental. Ela sentia que estava perdendo toda a alegria que a vida tinha para oferecer. Em absoluto desespero, ela ligou para uma linha gratuita de ajuda para jovens mães. Quando o simpático conselheiro do outro lado da linha disse a ela com uma voz suave: "Como estão as coisas com você?" Ela simplesmente desabou e despejou toda a sua frustração.

"É pior do que estar em uma prisão. Eu não posso tirar os olhos dele nem por um momento; ele quebra algo ou perturba alguma coisa. Ele me segue onde quer que eu vá chamando: 'mamãe, mamãe'! Ele não me deixa ler o jornal ou assistir televisão, ele vira o meu rosto para ele para me fazer olhá-lo e diz: 'Mamãe, mamãe'! Ele nem sequer me deixa fechar os olhos por um minuto, e continua a me empurrar e a me sacudir chamando: 'Mamãe, mamãe'. Estou farta dele. Eu não posso pagar uma babá e acho que ele vai me deixar louca."

Durante um minuto o conselheiro permaneceu em silêncio. "Por favor, diga alguma coisa", soluçou a jovem. "Você não consegue entender o que estou passando? Eu perdi tudo aquilo que eu mais valorizava na minha vida: liberdade, mobilidade, diversão, espaço pessoal e tempo. Não tenho certeza se meu filho vale tudo isso. Eu já não sou mais eu mesma. Agora sou apenas 'mamãe' e eu odeio isso!"

O conselheiro falou delicadamente: "Alguns meses adiante, quando ele decidir agir como adulto, ele vai começar a te chamar de 'mãe'. Você não será mais 'mamãe'".

A jovem mãe ficou ofegante. Ela pensou no seu marido "independente" e no seu irmão insensível conversando com suas mães. "Sim, mãe, não, mãe, não, não hoje, por favor, mãe. Receio não ter tempo para isso. Apenas telefonei para lhe desejar feliz aniversário, mãe, eu não poderei ir hoje."

Os seus olhos se depararam com a pequena criança agarrada a ela, olhando-a ansiosamente, angustiada por suas lágrimas e pela sua explosão emocional. Ela largou o telefone, pegou o filho com as mãos trêmulas e o abraçou. A criança enxugou as suas lágrimas e lhe disse: "Mamãe, sorria por favor".

"As melhores e mais belas coisas do mundo não podem ser vistas ou tocadas; elas devem ser sentidas com o coração", disse Helen Keller, que não podia ouvir nem ver o mundo ao seu redor. Não permitamos que a vida passe por nós sem sentir e vivenciar cada momento com os nossos corações.

Em um dia frio de dezembro, em uma estação de metrô de Washington D.C., um jovem com um boné baixo tocava violino. Literalmente centenas de pessoas passaram por ele e a maior parte delas nem sequer parou para olhar para ele. Se ouviram sua música, não deram sinais de apreciá-la. Alguns colocaram uma nota de dólar ou alguns centavos no chapéu colocado à sua frente, embora muitos deles não tenham parado realmente para ouvi-lo. Algumas pessoas pararam, ficaram perto para ouvir; e saíram depois de um tempo, sem dar nenhum dinheiro. Muitas crianças acompanhadas pelas mães queriam parar para ouvi-lo. Mas suas mães estavam com pressa e as crianças foram levadas embora, mesmo enquanto continuavam a olhar para ele, arrastando os pés à medida que eram apressadas.

O homem tocou por 45 minutos. Cerca de 1.097 pessoas, homens e mulheres, meninos e meninas, passaram por ele durante esse tempo. Apenas 7 pararam e ouviram durante um curto período. 20 pessoas deram dinheiro, mas não pararam para ouvi-lo. O homem arrecadou um total de 32,17 dólares durante esse tempo. Quando ele terminou de tocar e partiu, havia silêncio na plataforma, ninguém o viu se afastando e saindo. Ninguém parou para o apreciar ou sorrir para ele. Não houve absolutamente nenhum reconhecimento.

Se você está se perguntando quantos detalhes estão disponíveis sobre um acontecimento sem muita importância que ninguém repara, deixe-me dizer que todo o episódio foi observado e gravado por câmeras escondidas. Toda a atividade foi uma experiência conduzida pelo jornal *The Washington Post*. Fez parte de uma pesquisa social sobre a natureza humana, percepção, gosto, apreciação, prioridades e atitudes das pessoas.

Naquela época, ninguém sabia disso. O violinista era Joshua Bell, um dos músicos mais célebres do mundo. Naquela manhã fria, ele tinha tocado seis das peças mais elaboradas e complexas de Bach compostas especialmente para violino. O instrumento que ele carregava não era um violino comum, mas uma peça única, feita à mão, no valor de 3,5 milhões de dólares. Apenas alguns dias antes, Joshua Bell havia tocado em um concerto em Boston, onde o *show* estava lotado e os ingressos custaram mais de 100 dólares. As pessoas pagaram um bom dinheiro apenas para se sentarem e ouvi-lo tocar as seis peças de Bach no violino.

O *Washington Post*[2] concluiu assim os resultados da pesquisa:

• Em um ambiente cotidiano, em um momento imprevisto ou inapropriado, as pessoas não conseguem perceber a beleza.

• Mesmo quando alguns deles o fazem, não param para apreciar.

• Eles não conseguem reconhecer o talento em um contexto inesperado.

O relatório concluiu que

> se não tivermos um momento para parar e ouvir um dos melhores músicos do mundo, tocando uma das melhores músicas já escritas, com um dos mais belos

---

[2] A reportagem original: WEINGARTEN, G. "Pearls Before Breakfast: Can one of the nation's great musicians cut through the fog of a D.C. rush hour? Let's find out". In: The Washington Post, 08/04/2007 [Disponível em https://www.washingtonpost.com/lifestyle/magazine/pearls-before-breakfast-can-one-of-the-nations-great-musicians-cut-through-the-fog-of-a-dc-rush-hour-lets-find-out/2014/09/23/8a6d46da-4331-11e4-b47c-f5889e061e5f_story.html].

instrumentos já feitos... quantas outras coisas estamos perdendo enquanto corremos pela vida?[3]

Posso oferecer algumas sugestões práticas sobre como você pode escolher a alegria de viver no momento presente?

1) Deixe-me começar com o provérbio zen: "Quando caminhar, caminhe. Quando comer, coma". Não tente falar ao telefone enquanto estiver dirigindo. Não se sente no sofá com o seu prato de jantar para assistir televisão. Faça apenas uma coisa de cada vez. Quando estiver falando com alguém, dê-lhe sua total atenção. Pode ser uma questão pequena, mas isso dá a você uma noção das pessoas ao seu redor. Dê o seu melhor ao que você está fazendo. Deixe toda a sua energia e atenção se concentrarem na tarefa que está em suas mãos. Quando a mente está focada, ela é capaz de se concentrar e fica livre de tensão.

2) Tire um tempo para viver, porque a vida tem muito a oferecer. Não se apresse nas suas tarefas. Diminua o ritmo se você é uma dessas pessoas hiperativas e apressadas. Não temos de ser preguiçosos, mas devemos evitar a pressa desnecessária. Como nos diz o ditado: "A pressa é inimiga da perfeição". E um ditado espanhol menos conhecido nos alerta: "Quem põe água apressadamente na garrafa derrama mais fora do que dentro".

3) Aprenda a ser gentil consigo mesmo. Portanto, aprenda a fazer menos em vez de mais. Divida o seu dia de trabalho em compartimentos de uma hora cada. Desenhe um círculo para representar um compartimento de uma hora. Coloque nele todo o trabalho que você pode realizar confortavelmente naquela hora específica. Não pense no trabalho que ainda precisa ser feito, isso pode esperar. Toda a sua atenção deve estar focada no trabalho que você pode fazer durante a próxima hora. Mas uma coisa tem

---

3 DOWNS, W.M.; WRIGHT, L.A. & RAMSEY, E. *The Art of Theatre*: A Concise Introduction. Boston: Cengage Learning, 2012.

de ser feita: você deve ver se terminou o trabalho que determinou para si mesmo antes de passar para o próximo compartimento.

4) Pare de agonizar sobre o passado bem como de se preocupar com o futuro. Digo isso repetidas vezes às pessoas: você não deve se sentir infeliz pensando no passado ou no futuro. O passado é um cheque cancelado. O futuro é uma nota promissória. O presente é o único dinheiro em caixa. Use-o bem e com sabedoria. Aproveite-o ao máximo! Você se sentirá mais concentrado e em paz. Foi Lao-tzu quem disse:

> Se você está deprimido, você está vivendo no passado.
> Se você está ansioso, você está vivendo no futuro.
> Se você está em paz, você está vivendo no presente.

5) Tire um tempo para você. Passe pelo menos cinco minutos por dia em silêncio. Não faça nada. Apenas se concentre em sua respiração. Observe o mundo ao seu redor. Esteja em paz dentro de si! Faça uma pausa periodicamente e observe a sua própria respiração.

Exercícios

1) Treine a sua mente para se concentrar apenas no presente.

2) Envolva-se com este momento e com o que você está fazendo. Aproveite cada parte disso.

3) Você está desperto, consciente, atento, aqui e agora?

4) Relembre o dia que acabou de passar: quantos momentos felizes e maravilhosos você consegue recordar?

5) Quantos momentos de ansiedade e de preocupação você passou nas últimas 12 horas?

6) Você viveu todas as 24 horas de seu dia?

7) Você fez a escolha certa em cada momento?

3
Você é único

Durante a minha juventude havia muitas pessoas que não sabiam ler, escrever ou assinar os próprios nomes. Era uma visão comum as pessoas usarem suas impressões do polegar para assinar cheques e outros documentos importantes. Como você sabe, as nossas impressões digitais são únicas. Alguém pode forjar a assinatura do outro com precisão passível de ser aprovada, mas não a impressão digital de outra pessoa. Cada um de nós tem um DNA único.

Não existe ninguém no planeta como você; na verdade, em nenhum lugar, mesmo remotamente, como você. Esqueça as oito pessoas míticas que são semelhantes a você no mundo. Estou falando sobre biometria e personalidade, não apenas aparência física. Atualmente um maquiador habilidoso pode fazer qualquer ator se parecer com Mahatma Gandhi, com o Imperador Akbar ou com Abraham Lincoln. Mas será que podemos ter outro Gandhi ou Lincoln com aqueles traços e qualidades nobres que tanto admiramos? A resposta é um retumbante "não"!

A verdade é que cada um de nós é único.

Uma jovem cantora foi comparada a uma renomada antecessora na área e aclamada como uma segunda estrela de sucesso. A jovem educadamente recusou o elogio e disse: "sem comparações por favor. A cantora era de fato excelente e eu a admiro assim como todos vocês. Mas, por favor, permitam-me ser eu mesma"!

Seja você mesmo! Uma das escolhas mais importantes que devemos fazer é sermos fiéis ao que realmente somos, e não imitar os outros com o propósito de obter popularidade ou sucesso rápido.

Uma palavra de cautela: quando eu digo "seja você mesmo", não quero dizer "faça o que quiser" ou "viva da maneira que quiser". Um desesperado pode pensar que ele gosta de ferir pessoas, de roubar outras ou de simplesmente andar por aí vandalizando propriedades. Isso é apenas um excesso criminoso. Nossas prisões estão cheias de pessoas que fizeram o que quiseram e não se importaram nem um pouco com todo o estrago que causaram na vida dos outros. Esse tipo de comportamento é irresponsável, perverso e pode acabar tornando a pessoa uma criminosa.

Ser você mesmo significa ser fiel ao seu eu mais elevado; ter integridade em tudo o que você faz; ser autêntico e não uma imitação pálida de outro. Para citar Mahatma Gandhi, *My experiments with truth*[4]: "Seja coerente. Seja autêntico. Seja o seu verdadeiro eu".

Pode haver muitas pessoas que você admira e respeita. Isso significa seguir o exemplo delas; tente cultivar as qualidades que você admira nelas, como honestidade, trabalho duro, gentileza e confiabilidade. Mas não acabe se tornando uma réplica sem brilho de outras pessoas.

Se você escolher ser você mesmo, há uma coisa que deve fazer desde o início: conhecer a si mesmo. A não ser que você saiba quem você é, como pode ser fiel ao seu verdadeiro eu? E deixe-me acrescentar: não olhe para as superficialidades da sua perso-

---

4 GANDHI, M. *Minha vida e minhas experiências com a verdade.* São Paulo: Palas Athena, 2010.

nalidade. Lembre-se dos ensinamentos de Gita, você não é este corpo que veste; você é a alma imortal. Portanto, conheça o seu eu superior. Estabeleça a sua própria identidade espiritual. Familiarize-se com os seus valores e crenças fundamentais para que você possa viver de acordo com eles. Defina os seus objetivos; concentre-se neles; e estabeleça os seus próprios limites – que você nunca deve ultrapassar. Quando tiver conhecido bem a si próprio e os ideais pelos quais deseja viver, há todas as chances de viver uma vida plena e satisfatória.

Foi um homem sábio quem disse: "Você nasceu original, não morra como uma cópia".

Deixe-me contar a história de Markandeya. Seus pais, o sábio Mrikandu e sua esposa Marudhvati, eram devotos fervorosos do Senhor Shiva. Satisfeito com sua vida devota e austeridade, o Senhor Shiva deu-lhes o seu *darshan* e pediu-lhes que nomeassem uma bênção de sua escolha, que ele lhes concederia de bom grado. O casal, que não tinha filhos, pediu ao Senhor que lhes concedesse um filho.

Agora começa a *leela* do Senhor. "Eu lhes concedo a bênção de um filho, assim como desejam", o Senhor Shiva os disse. "Porém vocês têm de fazer uma escolha: vocês gostariam de ter um filho estúpido e com pouca sabedoria, mas que vivesse até os cem anos de idade, ou gostariam de um filho distinto, iluminado, espiritualmente evoluído, que morreria aos dezesseis anos?"

Sem a menor hesitação, o sábio e a sua esposa escolheram a segunda opção: um filho brilhante, abençoado pela graça da sabedoria e cuja vida seria muito curta. E assim, nasceu para eles, Markandeya, exemplar e nobre em todos os sentidos. Em tenra idade, dominava os *Vedas* e as outras escrituras, e cresceu para se tornar um grande Shiva *bhakta* como o seu pai.

Os pais, que o tinham visto florescer em um jovem *yogi* e *jnani* com grande alegria, começaram a temer a aproximação de seu décimo sexto aniversário. Sem saber da morte prematura que o esperava, Markandeya continuou a praticar as suas austeridades e a estudar as Escrituras.

Na véspera de seu décimo sexto aniversário, sua mãe, que estava perturbada, não conseguiu mais se conter. Chorando incontrolavelmente, ela revelou a verdade sobre o seu nascimento como uma bênção do Senhor Shiva e o destino que eles próprios haviam escolhido para o seu filho amado. "É o seu décimo sexto aniversário amanhã, e você será tirado de nós"!, soluçou.

Markandeya consolou seus pais. "Queridos pai e mãe, vocês fizeram a escolha certa para mim. De que serve uma vida longa, mas indistinta, desprovida de *bhakti* [devoção] e iluminação? Agradeço a vocês e ao Senhor que me abençoou com piedade e devoção. E não chore, querida mãe, pois o Senhor Shiva é o senhor da morte. Ele me protegerá de todo o mal e certamente não permitirá que você sofra."

No seu aniversário de dezesseis anos, Markandeya começou a oficiar um Shiva *puja*[5] desde o amanhecer. Sentado de olhos fechados diante de um lingam de Shiva, ele entoava o mantra *Maha Mrityunjaya* e começou a focar toda a sua concentração em Rudra, o seu *ishta devata*. À medida que o crepúsculo se aproximava, Yama, o então senhor da morte, chegou para lhe tirar a vida, missão para a qual fora destinado pelo Senhor Shiva. "Vamos, rapaz, o seu tempo nesta terra acabou", disse ao jovem *yogi*, em meditação profunda. Mas Markandeya estava perdido em sua devoção; ele não prestou atenção na presença de Yama ou ao seu chamado. Inconformado com a situação, Yama atirou-lhe um

---

5 Shiva Puja é o nome do culto ao Senhor Shiva por meio de uma série de ritos tradicionais e antigos [N.T.].

laço, e acidentalmente entrelaçou Markandeya juntamente com o *lingam* de Shiva que ele estava adorando. Fora do *lingam* preso, um furioso Senhor Shiva emergiu, enraivecido com o insulto à sua forma e com o desrespeito oferecido ao seu devoto. Ele lutou contra o Yama quase até a morte, parando antes de destruí-lo apenas porque *devas* interveio e implorou que ele tivesse misericórdia do deus, que estava cumprindo o seu dever. Shiva cedeu. Yama foi poupado, mas com a condição de nunca se aproximar de Markandeya. Assim, foi concedido ao jovem sábio o dom da imortalidade. Acredita-se que ele ainda vive, um jovem puro *brahmachari* (solteiro) de dezesseis anos, que frequenta santuários e, disfarçado, se mistura com os outros devotos.

Simbolicamente, a lenda indica que Markandeya era um *jivanmukta*, uma alma abençoada que alcançou a libertação por meio da graça de Deus. Ele alcançou a unidade com o Ser Supremo e foi libertado do ciclo de nascimento e morte.

Muitos de nós podemos não saber sobre os antecedentes ou mesmo sobre a sabedoria e os conhecimentos de Maharishi Markandeya; mas muitos de nós desejamos ser eternamente jovens como ele; ou melhor, parecer eternamente jovens. A sua eterna juventude é o que "registra" a nossa consciência.

Existem muitas pessoas ricas e populares ao nosso redor que levam vidas empobrecidas porque estão tentando ser o que não são. Elas desejam cultivar uma certa imagem que mostram para o mundo. Assim, passam por cirurgias dolorosas, permitindo que partes de seus corpos sejam adulteradas para que "pareçam" glamorosas.

Sucumbir às pressões da sociedade e dos pares para ter uma boa aparência e parecer jovem, apesar da idade avançada, é não ser verdadeiro consigo mesmo; é perder a identidade por causa de aparências ilusórias.

Lembro-me da história de um pequeno papagaio que estava decepcionado com o formato de seu bico. Ele foi para a sua mãe e chorou: "Olhe para o pelicano; olhe para o falcão e para o tentilhão; para o calau e para o colhereiro; eles têm bicos tão inteligentes e elegantes. O meu é tão grosseiro e nem um pouco legal".

Sua mãe o levou para seu velho e sábio tio arara. O tio ouviu o sobrinho e concordou que o calau e o falcão tinham realmente bicos mais legais. Então, ele perguntou para o pequeno papagaio: "Você gosta de comer minhocas e crustáceos como caranguejos e lagostas"?

"Ughh!", o papagaio fez uma careta, esquecendo-se da reclamação. "Tio, está me estranhando? Eu não sou um estranho."

"Talvez você goste de comer alguns peixes?"

"Não, penso que não", disse o papagaio, enrugando o rosto com nojo.

"Bem, foi para isso que foram feitos os bicos dos colhereiros e dos calaus. Portanto, eles estão excluídos. Você gostaria de mudar para uma dieta de coelhos mortos e animais menores como faz o falcão? Não? Que tal comer pequenos grãos como o tentilhão?"

"Bem, de vez em quando não me importo com grãos pequenos, mas os meus preferidos são as castanhas-do-pará."

"Aqui, tome algumas", disse o tio arara, passando um prato cheio de castanhas-do-pará para o seu sobrinho. Enquanto o pequeno papagaio quebrava as castanhas como um especialista e as comia com gosto, a velha arara perguntou-lhe: "Você acha que o falcão, o tentilhão, o colhereiro ou o pelicano podem comer estas castanhas com aqueles bicos"?

"Eu suponho que eles não podem", respondeu o papagaio, mastigando com o bico cheio.

"Por que você está se fazendo infeliz ao se comprar com os outros quando na verdade você não quer comer ou ser como eles?", disse seu tio, sorrindo.

O papagaio voou de volta para casa, muito mais contente e em paz.

Todos nós somos únicos e especiais. Deus nos criou para um determinado propósito. Vamos tentar cumprir esse propósito da melhor maneira possível, em vez de nos compararmos desfavoravelmente com os outros. Não deixemos que a nossa autoconsciência se transforme em uma mera obsessão com o visual e a mera aparência.

Você é único e um filho de Deus. Não há ninguém como você em todo o mundo. Você deve, portanto, aprender a respeitar e amar a si próprio, porque você tem de viver a vida que cumpre o propósito para o qual Deus o criou.

Os Países Baixos (a que nos referimos frequentemente como Holanda) são assim chamados porque grande parte de seu território está, de fato, abaixo do nível do mar. Geograficamente, trata-se de um país muito baixo e plano, com 26% da sua área e 21% da sua população situadas abaixo do nível do mar, e apenas cerca de 50% de sua terra excede a um metro acima do mar. A maior parte da terra abaixo do nível do mar é feita pelo homem por meio da recuperação de terras. Desde o final do século XVI, essas áreas têm sido preservadas por meio de elaborados sistemas de drenagem que incluem diques, canais e estações de bombeamento.

Um dos maiores heróis dos Países Baixos é um menino chamado Hans. Ele era filho de um guarda-fechaduras, cuja tarefa era abrir e fechar as comportas dos canais para garantir que a água que passava por eles estivesse no nível correto.

Um dia, Hans saiu para visitar um homem idoso e cego que vivia fora da cidade, carregando pão e biscoitos caseiros. Quando ele deixou a cabana desse senhor, o tempo tinha se tornado inclemente, o céu tinha escurecido e começou a chuviscar incessantemente. Hans caminhou cuidadosamente ao longo da estrada estreita ao lado do dique, protegendo-se da melhor forma possível com o seu boné.

De repente, ele ouviu o som inconfundível de um gotejar de água e viu que tinha se formado uma rachadura na parede do dique logo acima de onde ele estava. Assim como todas as crianças de sua aldeia, Hans sabia que se o buraco não fosse tapado imediatamente, o dique geraria um grande vazamento, deixando toda a região vulnerável a uma inundação. Sem a menor hesitação, ele escalou a parede do dique e colocou o seu dedo dentro do buraco para impedir o vazamento de água.

Em pouco tempo, era noite. A estreita estrada da aldeia estava escura e deserta, e não havia ninguém passando por ela pois era uma noite fria e úmida. Os pais de Hans não saíram para procurá-lo, pois ele costuma ficar com seu velho amigo para passar a noite.

Hans estava deitado na parede do dique, tremendo de frio. Seu dedo estava quase dormente com a dor e o frio da água gelada. No início da manhã seguinte, o pároco, que tinha passado a noite ao lado da cama de um morador doente, estava voltando para a igreja quando avistou o jovem estendido no dique.

"Quem é? O que você está fazendo no dique?" O padre gritou severamente. "Sou eu, Hans Brinkel", respondeu fragilmente o menino. "Por favor, peça ajuda! O dique abriu um buraco e eu estou impedindo o vazamento."

Em poucos minutos o padre já havia alertado a população do bairro e os engenheiros do dique foram chamados ao local.

Eles começaram a tapar o vazamento, mas não antes de seu líder envolver Hans em um cobertor quente e carregar o menino para uma cabana próxima, onde foi atendido pela enfermeira da aldeia.

A coragem do menino e o seu instinto natural de segurança salvaram todo o bairro da enchente.

Os psicólogos nos dizem que a razão básica para vários "complexos" e sentimentos negativos é o fato de que as pessoas não estão felizes com quem são nem com o que são. Elas não estão preparadas para se aceitarem como são; não gostam de si mesmas. Isso leva a baixa autoestima, insegurança e autoimagem negativa.

Deus fez cada um de nós com um propósito diferente. Ele quis que alguns de nós nos tornássemos grandes artistas; alguns de nós nascemos para nos tornarmos grandes sonhadores e visionários; alguns de nós fomos feitos para exercer profissões como medicina, engenharia, arquitetura ou direito.

Mas a maioria de nós não é nenhuma dessas coisas. Talvez Deus quisesse que fôssemos bons seres humanos; talvez Ele quisesse que fossemos ajudantes e servidores da humanidade; talvez Ele quisesse que fôssemos amáveis; amorosos filhos, filhas, cônjuges, pais. Por que devemos tentar alterar o seu plano divino?

Cada um de nós pode contribuir com os nossos próprios esforços especiais e únicos para tornar a vida mais significativa e bonita. O que importa é reconhecer as contribuições dos outros e apreciá-las. Nas palavras de Rabindranath Tagore:

> Existem numerosas cordas no seu alaúde
> Deixe-me acrescentar a minha entre elas.

Todos nós, com nossos dons e habilidades individuais, somos como as cordas do alaúde de Deus. Executaremos uma música divina quando atuarmos juntos.

Aqui estão algumas sugestões práticas para construir o seu sentido de autoestima e para ajudar você a se tornar o seu melhor amigo:

1) Compreenda que você é único. Foi criado com certas características e dons que são especiais para você. O fato de você não estar consciente deles não significa que não os mereça. Experimente e descubra os seus pontos fortes e os seus dons especiais: os seus amigos, professores e família ficarão muito felizes em indicá-los para você.

2) Pense no que você gosta de fazer: cantar, dançar, contar histórias, desenhar, praticar caligrafia, cozinhar ou cuidar do jardim. Recrie a sensação de prazer e alegria que você obtém com essas atividades; e acrescente mais dessas atividades à sua rotina diária.

3) Participe das atividades sociais do seu grupo, da sua comunidade e da sua vizinhança. Não se permita ficar isolado de seus vizinhos e amigos. A conexão com as outras pessoas, a participação em tais atividades, atrai você e lhe dá a consciência de que você é parte de um todo cósmico.

4) Dê mais sentido à sua vida encontrando uma causa digna à qual você possa dedicar as suas energias. Pode ser uma ONG, *satsang*, grupo de serviços sociais ou qualquer outra coisa em que você acredite.

5) Aprenda a ser gentil consigo mesmo. Não se critique nem se xingue constantemente. Cuide bem de você, física e mentalmente.

6) Evite a companhia de pessoas que constantemente colocam você para baixo. Não permita que as críticas dos outros afetem o seu sentido de amor-próprio.

7) Faça a diferença para os outros e você verá a importância que isso terá na sua atitude e na sua vida pessoal. Portanto, faça o seu melhor para ajudar os outros e tornar a sua vida melhor por eles.

8) Acima de tudo, lembre-se sempre de que Deus o ama e o criou para cumprir o seu propósito especial. Quando você sabe que Ele o ama e confia em você, como pode pensar mal de si mesmo?

Exercícios

1) Você realmente se conhece bem? Quais são as suas aspirações e esperanças? O que você está fazendo para cumpri-las?

2) Quem são os seus amigos? Eles o encorajam a ser você mesmo? Você já pensou em se tornar o seu melhor amigo?

3) A imitação é castração, disse Sadhu Vaswani. A imitação cega é autodestrutiva. Você está vivendo uma vida que é uma mentira, como uma pálida imitação dos outros?

4) Perceba que não há ninguém como você neste mundo: que você é um ser único criado por Deus para um propósito especial.

5) Escolha ser você mesmo!

4
Seja o seu melhor amigo

Tenho certeza de que você tem muitos amigos, alguns muito queridos, alguns muito próximos e alguns para os momentos de diversão. Eu encorajo você a ser seu amigo. Escolha se tornar o seu melhor amigo.

Falo frequentemente aos meus amigos sobre o exemplo inspirador da autora de *best-sellers* Louise Hay, que, há quase quarenta anos, escreveu *You can heal your life* [*Você pode curar sua vida*]. Ela tomou uma decisão consciente de não oferecer o livro a nenhuma editora, mas de imprimi-lo e publicá-lo por conta própria. Ela sentiu que as ideias que ela defendeu no livro não estavam de acordo com o humor ou com o pensamento geral da década de 1980, uma época que encorajava o sucesso por meio da agressão e da estratégia. Em vez disso, ela decidiu começar o seu próprio empreendimento editorial para poder compartilhar as suas ideias novas e frescas com o mundo, sem procurar apoio comercial de fora. Assim nasceu a *Hay House*, uma das principais editoras de livros de autoconhecimento do mundo. Em 1984, ainda na primeira edição, o livro alcançou o topo da lista de *best-sellers* do *New York Times*. Quase três décadas depois, em 2009, quando a Sra. Hay decidiu fazer um filme com o mesmo título, o livro voltou ao topo da mesma lista e, como Louise Hay comentou com um sorriso, ela se tornou uma estrela de cinema aos oitenta anos.

Você pode curar sua vida nos convida a valorizarmos, amarmos, sermos gentis e compreendermos a nós mesmos, e assim nos tornarmos criadores do nosso próprio destino. Em outras palavras, a mensagem do livro pode ser resumida no contexto do título do nosso próprio capítulo como: seja o seu melhor amigo.

1) Você pode se tornar o seu melhor amigo na medida em que desenvolver paciência, bondade e gentileza para consigo mesmo e para com os outros.

2) Na medida do possível, pare de se criticar e de causar dor e angústia a si mesmo.

3) Se você deseja mudar a si mesmo, evite meios negativos e tente métodos positivos de encorajamento e de aprovação.

4) Pelo menos, ocasionalmente, permita que pensamentos gentis e amorosos sobre você mesmo preencham a sua mente.

5) Cuide bem do seu corpo, que é um templo de Deus. Dê a si mesmo nutrição e exercício adequados.

6) Procure a ajuda e o apoio da família e dos amigos quando precisar deles. Seja uma boa fonte de apoio moral para si mesmo.

Existe uma história zen sobre uma dupla de acrobatas. O professor era um pobre viúvo e a sua aluna era uma jovem chamada Meda. Os dois se apresentavam todos os dias nas ruas para ganharem o suficiente para comer. O professor equilibrava uma vara alta de bambu em sua cabeça; a menina subia com cuidado na vara de bambu e lentamente chegava ao topo. Uma vez chegando ao topo, ela ficava lá, equilibrando-se no bambu enquanto o professor caminhava, recolhendo o dinheiro do povo. Ambos tinham de permanecer completamente focados e manter o equilíbrio para evitar qualquer lesão ou acidente indesejável.

Certo dia, o professor disse para a aluna: "Olha, Meda, estive pensando uma coisa; de agora em diante, vou observar você e você me observa, assim podemos nos ajudar a manter a concentração e o equilíbrio e evitar um acidente. Desse jeito certamente ganharemos um pouco mais".

Mas a menina foi sábia e respondeu: "Querido mestre, penso que seria melhor para cada um de nós cuidar de nosso próprio equilíbrio. Se cuidamos de nós mesmos, estamos cuidando do outro. Tenho certeza de que dessa forma evitaremos acidentes e ganharemos o suficiente para comer".

Cuide de si mesmo para que você também possa cuidar dos outros. Aqueles que são passageiros frequentes de aviões sabem que, como parte das instruções de segurança, a comissária de bordo sempre aconselha a colocar a máscara de oxigênio em si próprio antes de ajudar os outros. Isso não é egoísmo ou negligência com os outros. Isso é pragmatismo.

Certa vez, um paciente que procurou o famoso psiquiatra Carl Gustav Jung disse-lhe: "Dr. Jung, eu alimento os famintos, perdoo o ofensor e amo o meu inimigo, e sei que essas são grandes virtudes. Mas e se eu descobrisse que o mais pobre dos mendigos e o mais imprudente dos infratores estão dentro de mim, e que preciso de todas as esmolas da minha própria bondade; que eu mesmo sou o meu pior inimigo, que deve ser amado; o que fazer então"?

A resposta que ele recebeu foi simples: "Pois bem, você deve se aceitar da mesma maneira que aceita a todos os outros; digno do seu amor, de compaixão e de compreensão".

Todos nós sabemos o que Jesus nos disse: "Amarás o teu próximo como a ti mesmo". Se você não tem nada além de baixa autoestima e um sentimento de vergonha e inutilidade sobre si próprio, como você pode realmente amar o seu próximo da maneira que Deus quer que você ame?

Considere a história de Satyakama. Nascido como filho ilegítimo de Jabala, uma mulher que era empregada doméstica, Satyakama aspirava alcançar o conhecimento de Brahman e decidiu procurar o discipulado aos pés do sábio Gautama, um dos mais renomados mestres védicos daquela época. Quando Satyakama perguntou à sua mãe sobre a sua linhagem e a sua *gotra*, ela de início ficou angustiada. Mas ela tomou coragem e decidiu admitir a verdade a todo o custo. Ela disse a Satyakama que seu pai não era conhecido, nem mesmo por ela, por causa de sua posição como escrava que servia a muitos senhores. Ela o aconselhou a se apresentar ao sábio Gautama como "Satyakama, filho de Jabala". O grande guru ficou tão satisfeito com a confissão verdadeira que aceitou o menino como seu discípulo. Em algum momento Satyakama obteria o esclarecimento.

Thomas Alva Edison foi expulso da escola porque o professor o considerava uma criança "difícil". Mas a verdade é que ele era um menino hiperativo e altamente inteligente. Sua mãe o tirou do ambiente escolar incompatível e começou a ensiná-lo em casa. Aprendendo em um ambiente não formal, ele desenvolveu um apetite voraz pela leitura e iniciou um processo de autoaprendizagem que o transformou em um prodigioso inventor e gênio que foi aclamado no mundo. Seguindo o seu próprio coração, ele começou a vender jornais para os passageiros da nova ferrovia Grand Trunk, e em pouco tempo começou a publicar o seu próprio jornal, *Grand Trunk Herald*. Sem se deixar abater por críticas ou dificuldades, Edison, que também ficou com dificuldade auditiva devido a um ataque de escarlatina na infância, passou de um início humilde a um inventor da maior tecnologia.

Edison realmente enfrentou contratempos e decepções. Quando um amigo comentou que milhares de seus experimentos tinham falhado, Edison respondeu: "Falhas? De modo algum. Aprendemos milhares de coisas que não vão funcionar".

Abraham Lincoln foi eleito duas vezes para a presidência dos Estados Unidos da América, e foi reverenciado por milhões de pessoas. Ele liderou seu país durante uma terrível guerra civil e tornou a nação forte após uma crise política e constitucional. Ele foi o responsável pela abolição da escravidão. A história registra mais tristeza e luto pela sua morte do que por qualquer outro presidente americano. No entanto, durante a sua vida, foi chamado de idiota, gorila e bárbaro.

Quando Abraham Lincoln era um menino, descascou milho durante três dias para poder ganhar um pouco de dinheiro e pagar uma cópia de segunda mão de *The life of Washington* [A vida de Washington]. Ele leu o livro avidamente e disse a uma mulher que conhecia pelo nome, a Sra. Crawford: "Eu não pretendo fazer sempre isso, você sabe – cavar, minar, descascar milho, separar trilhos e coisas do gênero".

"O que você quer ser então?", perguntou a Sra. Crawford. "Eu serei o presidente", anunciou Abraham Lincoln. "Vou estudar, vou me preparar e a oportunidade virá."

A oportunidade apareceu e Abraham estava pronto para assumir a posição mais poderosa do país. Ele era seu melhor amigo. Ele havia decidido ser um vencedor.

Já foi dito que os vencedores propõem objetivos, enquanto os perdedores arranjam desculpas.

Ser o seu melhor amigo não é narcisismo ou amor-próprio obsessivo. Lembre-se de que um verdadeiro amigo – um bom amigo – é aquele que conhece as suas falhas e fraquezas e o ajuda a superá-las. Um verdadeiro amigo não hesita em avisá-lo quando você ultrapassa os seus limites. Ele nunca tem medo de fazer uma crítica adequada quando você erra. Portanto, escolha ser o seu melhor amigo.

A verdade é que muitos de nós simplesmente não sabemos o que é ser um bom amigo. Compartilhar piadas, mandar mensagens no WhatsApp, fazer algumas refeições juntos em restaurantes ou ir às compras na companhia do outro não significa amizade. A verdadeira amizade tem a ver com bondade e compreensão, afeto mútuo, apoio e carinho genuínos. Alguns de nós podemos oferecer isso aos outros. Mas quando se trata de nós mesmos, temos a impressão de que precisamos de "outros", ou de pelo menos "outro", para sermos os destinatários dessas virtudes.

Aqui estão algumas coisas que costumamos dizer às pessoas que realmente amamos. Você já disse alguma dessas expressões para si mesmo quando se sente para baixo, fracassado?

- "Agora, sente-se e conte-me tudo. O que está incomodando você?"
- "Eu não suporto ver você assim, infeliz e miserável. Diga-me o que o incomoda. Tenho certeza de que posso fazer algo para fazer você se sentir melhor."
- "Você sabe que estou sempre aqui para você. Conte comigo. Oferecerei todo o apoio de que precisar."
- "Diga-me qual é a melhor coisa que posso fazer para que você se sinta melhor agora."

Você já disse alguma dessas coisas para si mesmo? Se não disse, você não tem sido bom consigo mesmo.

Tornar-se o seu melhor amigo não se limita a uma conversa interna e de bem-estar. Você precisa assumir o controle da sua própria vida e agir para se sentir melhor.

Se decidir ser o seu melhor amigo, há certas coisas que você deve fazer:

1) Abandone os maus hábitos que levam à autonegligência. Isso pode ser algo muito comum. Abandone coisas como co-

mer demais, fumar, ou algo muito mais complexo, como não ser capaz de dizer não às exigências excessivas dos outros.

2) Elogie-se, dê um tapinha nas suas costas quando tiver conseguido algo que valha a pena.

3) Aprenda a não se pressionar demais ou se punir quando as coisas dão errado. Lembre-se de que nenhum de nós é perfeito. Então, por que esperar o impossível de si mesmo?

4) Torne-se mais consciente de suas próprias necessidades e aspirações. Dedique tempo e esforço para fazer o que lhe dá maior satisfação.

5) Aprenda a amar e a respeitar a si mesmo. Se você não consegue se amar, como vai conseguir amar os outros?

6) Cuide do seu bem-estar físico e espiritual. Preste atenção à sua saúde e condição física. Passe algum tempo, todos os dias, em solidão e silêncio.

7) Nunca se esqueça: você não precisa ser perfeito; você não precisa saber tudo; você não tem de vencer o tempo todo.

Exercícios

1) Qual é a sua opinião sobre si mesmo?

2) Como você reage quando se sente magoado com os comentários ou críticas de outras pessoas?

3) Você sempre foi gentil consigo mesmo?

4) Quando foi a última vez que você se sentiu bem consigo mesmo?

5) Você escolheu ser o seu melhor amigo?

5
Tudo está em suas mãos

Swami Vivekananda proclamou para nós: "Você é o criador do seu próprio destino".

O autor de *best-sellers* e aclamado palestrante motivacional Brian Tracy se baseia nesse mesmo ditado. Ele acrescenta: "Você é o arquiteto do seu próprio destino; você é o mestre do seu próprio destino; você está atrás do volante da sua vida. Não há limitações sobre o que você pode fazer, ter ou ser, exceto as limitações que você impõe a si mesmo por seu próprio pensamento".

Muitas pessoas estão mal-informadas ou optaram por interpretar mal a lei do karma. Karma não é fatalismo. O karma não cancela a sua liberdade de escolha ou o seu livre-arbítrio para agir como desejar. Você cria o seu destino por seus próprios pensamentos e ações. Portanto, faça a escolha certa em tudo o que você diz, pensa e faz: em cada momento de sua vida você está criando o seu próprio destino. Ralph Waldo Emerson escreveu: "A única pessoa que você está destinada a se tornar é a pessoa que você decide ser".

Escolha a sua atitude, mude os seus pensamentos e você poderá mudar o seu destino!

Cada pensamento é uma unidade de energia; cada pensamento tem um eco. Cada pensamento que sai volta para você;

portanto, tenha cuidado com os pensamentos que você cultiva em sua mente. Dissemine as sementes de bons pensamentos, e você terá uma bela vida e uma bela mente.

Os pensamentos são a base da vida que você escolhe viver. Os pensamentos são os blocos de construção do seu caráter, porque você se torna o que pensa. Você escreve o roteiro da sua vida. Você pode construir um belo futuro abrigando pensamentos bons e puros e transformando pensamentos negativos em bons pensamentos.

Muitos vêm e me dizem que são perdedores; que eles não podem alcançar o sucesso na vida. Eles culpam o seu destino; dizem que não têm sorte. Mas a verdade é que eles se tornaram azarados reforçando os pensamentos negativos.

O universo funciona como um eco: todos os seus pensamentos repercutirão em você. Portanto, tenha cuidado com os seus pensamentos. Liberte-se da escravidão de pensamentos negativos e incapacitantes antes de procurar a liberdade externa. Todos os nossos pensamentos são poderosos. Quantos de nós podemos realmente controlá-los?

O futuro da sua vida está em suas mãos.

Cada pensamento que surge em sua mente se repete e forma um padrão. O padrão nos condiciona e nos obriga a agir de acordo com ele. Os pensamentos se tornam os nossos hábitos. Os hábitos ditam então os nossos estilos de vida. Portanto, devemos cuidar de nossos pensamentos. Nós fazemos o nosso próprio destino, criando deliberadamente pensamentos positivos. Transforme-os em hábitos positivos; crie vibrações positivas para o futuro.

Um homem pode enganar o seu parceiro de negócios ou um oponente fraco; ele pode cometer um pecado na escuridão da noite e pensar que ninguém o viu ou observou. Mas ele plantou a semente do mal em sua vida, e por isso colherá um fruto igualmente mau. E, sem dúvida, essa pessoa terá de comer o seu próprio fruto ruim. Ele não pode transferir os resultados de seu "karma" para outra pessoa. Ele próprio tem de pagar por suas ações. É por isso que somos aconselhados a estar alertas e atentos; a estar conscientes da atividade da mente. Não engane ninguém; não tire a honra ou o crédito de outra pessoa. Não critique nem condene ninguém. Por favor, lembrem-se: o universo é aberto; os seus próprios pensamentos lhe trarão justiça e, consequentemente, você receberá os frutos de suas ações.

Arnold Schwarzenegger, o conhecido astro de cinema que se tornou o governador republicano da Califórnia, nasceu em uma família germano-austríaca de classe média baixa. O seu pai tinha predileção por Meinhardt, o filho mais velho; por isso maltratava e abusava do caçula. Mas, aos dez anos, Arnold havia estabelecido um objetivo para si mesmo: ele se tornaria um fisiculturista, venceria o concurso Mister Universo na Europa, depois participaria do concurso americano Mister Olympia e se mudaria para os Estados Unidos. Ele treinava rigorosamente na academia local, e chegou a invadir o local aos domingos para manter o seu treino. Entrou para o exército, apenas para capitalizar o seu rigoroso regime físico, e foi colocado em uma prisão militar durante uma semana por ter saído para participar de uma luta livre local sem licença.

Em 1967, Schwarzenegger ganhou o título de Mister Universo pela primeira vez, tornando-se o mais jovem Mister Universo, aos vinte anos; e conquistou o título por três vezes consecutivas. Ele se mudou para os Estados Unidos, em setembro de 1968, aos 21 anos, falando pouco inglês. Posteriormente, se inscreveu em um curso de ensino a distância a fim de melhorar o seu domínio da língua inglesa.

Em 1970, quando tinha apenas 23 anos, conquistou o seu primeiro título de Mister Olympia em Nova York, e depois conquistou o título sete vezes. Em 2002, o famoso *Los Angeles Weekly* dizia que Schwarzenegger era o imigrante mais famoso da América, que "superou um forte sotaque austríaco e transcendeu o contexto improvável do fisiculturismo para se tornar uma das maiores estrelas de cinema no mundo nos anos de 1990".

Arnold Schwarzenegger certamente não poupou esforços para escrever a história da sua própria vida da maneira que ele queria que fosse. Ele não culpou as circunstâncias; não culpou seus pais ou sua origem. Ele determinou o seu objetivo e seguiu o seu sonho resolutamente.

A vida hoje em dia é tal que temos de pensar e agir de forma decisiva, temos de considerar opções antes de nos comprometermos com determinado rumo; nós temos de fazer a escolha certa em cada etapa da vida. Os dias de vida impensada estão excluídos para seres humanos sensíveis e sensatos que desejam viver uma vida com propósito e sentido, que os ajude a se desenvolver e a não prejudicar outros seres ou o planeta.

DDT, *sprays* contra baratas e mosquitos domésticos, sacolas plásticas, aditivos em alimentos embalados, gorduras hidrogenadas, refrigerantes, plantações geneticamente modificadas, até mesmo uma colher de açúcar; tudo está sob suspeita hoje em dia. As pessoas também acordaram para as escolhas que têm à sua frente. Elas leem o conteúdo das embalagens; investigam os prós e os contras de cada produto que compram ou utilizam; elas querem ter certeza de que não irão prejudicar a si próprias involuntariamente. Isso é realmente uma coisa boa, pois estamos nos tornando conscientes da escolha certa que devemos fazer.

O mesmo cuidado e a mesma preocupação se estendem a outras áreas de nossas vidas. Os Comitês de Mohalla convidam candidatos de partidos políticos para abordar os cidadãos sobre questões locais e responder às suas perguntas. Eles optam por votar no candidato que ajudará a resolver os seus problemas. As associações de pais e professores aconselham e apoiam as autoridades escolares nas decisões cruciais a serem tomadas. Ativistas e órgãos de fiscalização monitoram anúncios e programas de televisão e protestam quando é transmitido algum material ofensivo.

Mas quero chamar a sua atenção para a escolha mais importante que temos: Como devemos construir a nossa vida?

Antes de prosseguirmos, que cada um de nós se pergunte: Estou no comando da minha própria vida? Estou obtendo o melhor da minha vida? Respondo de maneira ponderada ou apenas reajo rapidamente às pessoas e aos acontecimentos? A quem estou mais interessado em agradar: a mim mesmo, a meus entes queridos, ao meu guru, aos meus superiores ou aos meus pagadores? Tenho sérias reclamações sobre o rumo da minha vida? Se sim, quem eu estou culpando por isso: os meus subordinados, minha família, minhas circunstâncias ou Deus? Eu vou me deitar em paz, contente e feliz com meu dia de trabalho ou adormeço descontente, infeliz sem motivo e pronto para escapar das preocupações diárias? Sinto-me seguro, satisfeito e em paz com a vida ou estou ansioso com o futuro?

Amigos, suas próprias respostas devem revelar se vocês assumiram o controle de suas vidas ou se vocês se sentem impotentes, inseguros sobre quem está comandando suas vidas.

Havia um jovem tímido e reservado que se apaixonou pela filha de um livreiro. Ele visitava a livraria sempre que tinha oportunidade e comprava um ou dois livros. O proprietário passava os livros para a filha, que os embrulhava com capricho e os entregava ao jovem com um sorriso. Ele levava os livros para casa, mas dificilmente se preocupava em abrir o pacote ou mesmo em tentar ler os livros. Ele se deitava e sonhava com o sorriso encantador que a menina dava para ele. "Ela nunca amaria alguém como eu", pensava com tristeza. "Se ao menos eu pudesse falar com ela, dizer o que sinto por ela, mas como?"

Isso continuou por vários dias. Então, um dia quando foi à livraria, não conseguiu ver a moça. Ele voltou à loja várias vezes, mas ela não aparecia. Superando a sua timidez, ele perguntou ao pai onde estava a menina. "Oh, ela se casou no mês passado e deixou a cidade", foi-lhe dito.

Arrasado, ele voltou para casa e olhou para a pilha de livros, todos cobertos e ainda em seus pacotes, jogados em um canto da sala. Ele não tinha aberto nenhum deles. Agora, por impulso, ele abriu um pacote e retirou o livro. Na primeira página estava escrito um número de telefone e por baixo dele, em uma letra clara e bonita, estava uma mensagem: "*Por favor me ligue. Eu gostaria de falar com você. Nita*".

Com as mãos trêmulas, ele rasgou a embalagem que tinha sido feita pela moça que ele tanto amava e olhou para cada um dos livros: cada um deles tinha a mesma mensagem escrita na primeira página: "*Por favor me ligue. Eu gostaria de falar com você. Nita*".

Ele teve a chance de realizar o seu sonho de se casar com a moça que amava. Mas falhou em agir.

Você acha que a sina ou o destino podem ser culpados por sua própria loucura e negligência?

Há alguns dias ouvimos falar de interrupções generalizadas de energia em Nova Déli. Disseram-me que as pessoas foram às ruas para protestar contra os constantes cortes de energia; os estudantes reclamaram que não podiam estudar para os seus exames durante a noite; idosos reclamaram que, sem refrigeradores de ar e ventiladores, o verão de Déli tornava a vida insuportável;

o abastecimento de água foi interrompido; a vida normal, gravemente afetada.

Lembremo-nos de que estamos falando sobre fornecimento de eletricidade; uma pequena interrupção no fornecimento de energia causa um enorme caos. Qual é então a nossa condição quando sentimos que perdemos o poder de gerir as nossas próprias vidas?

A esse respeito, gostaria de compartilhar com vocês a experiência síndi; talvez eu me refira a ela como a saga síndi da liberdade. Como muitos de vocês sabem, a comunidade síndi é, tecnicamente falando, uma comunidade livre sem Estado na Índia; isso porque a terra onde nascemos, Sindhudesh, passou a pertencer completamente ao território do Paquistão após a divisão da Índia. Mais uma vez, como todos vocês devem saber, muitos de meu povo vieram em busca de liberdade e independência quando entraram na Índia independente, praticamente sem um tostão e sem posses, exceto as roupas que carregavam nas costas.

Atualmente, a diáspora (hindu) síndi é um exemplo único de uma comunidade que foi expulsa de sua terra natal, se tornou refugiada em seu próprio país, e ressuscitou como a fênix das cinzas fumegantes da separação, para se tornar um dos povos mais bem-sucedidos e filantrópicos do mundo. Como isso foi possível? Deixe-me contar nas palavras de Gurudev Sadhu Vaswani:

"Eu acredito que exista um rico tesouro na tradição, no folclore e na literatura de Sind... na alma síndi, há uma imensidão, uma força elementar, uma aspiração ao Infinito, tal como é sugerido pelos vastos desertos de Sindudesha... os seus poetas e místicos, os seus *fakirs* e *dervishes*, seus cantores e contemplativos alcançaram a liberdade interior... na simplicidade e humanidade de seus poetas e místicos está a semente de uma cultura espiritual..."

Espiritualidade, mística, amplitude de visão e aspiração à verdadeira liberdade; de fato, o mestre captou a essência da literatura síndi em algumas memoráveis palavras!

Ele dizia frequentemente aos seus amigos síndis que, embora tivessem deixado suas terras, seus bens, suas casas e riquezas, tinham trazido consigo um tesouro muito mais valioso: o tesouro de sua cultura, tradições e o seu espírito de liberdade.

Durante os dias conturbados que se seguiram à traumática divisão da Índia, Gurudev Sadhu Vaswani exortou os refugiados de Sind a serem fortes internamente. Ele os estimulou a serem autossuficientes e a se absterem de pedir ajuda do governo. Por várias vezes ele repetiu aquelas palavras mágicas que se tornaram um mantra de pensamento positivo para todos nós: "Dentro de você está um *shakti* escondido; desperte esse *shakti* e tudo ficará bem com você". Lembro-me também de seu inesquecível apelo à comunidade destruída: "acreditar e alcançar".

Acreditar em nós mesmos, acreditar que somos os arquitetos do nosso próprio destino é a verdadeira liberdade interior!

Exercícios

1) Você está consciente dos pensamentos que passam constantemente pela sua mente?

2) Você já fez uma pausa para refletir se tem pensamentos positivos ou negativos?

3) Você pensa e faz uma escolha ponderada antes de tomar uma decisão?

4) Como você deseja construir a sua vida?

5) Quem você acha que é responsável pela sua vida?

6) Escolha criar o seu próprio destino!

6
Escolha o seu estilo de vida

Era uma vez uma menina que estava sem fazer nada no jardim com sua irmã mais velha. A menina estava entediada. Sua irmã lia um livro (sem fotografias, sem conversa) e não tinha tempo para rir ou brincar. A pequena menina viu um coelho passar correndo e desaparecendo em uma toca. Num impulso, a menina seguiu o coelho e se espremeu no buraco com grande dificuldade, mas acabou caindo em um grande corredor com muitas portas. Ela encontrou uma pequena chave em uma mesa perto dela e experimentou a chave em várias portas antes de encontrar a porta na qual a chave caberia. Mas a porta era muito pequena para ela passar. Logo viu uma mesa com uma garrafa rotulada "beba-me" e ela prontamente abriu a garrafa e bebeu o conteúdo. Isso a fez encolher até um tamanho tão pequeno que ela não conseguia mais alcançar a chave. No chão ela encontrou uma pequena mesa sobre a qual estava um prato cheio de bolos com o rótulo "coma-me". Ela comeu um bolo e começou a crescer tanto que sua cabeça bateu no teto.

A maioria de vocês deve ter reconhecido o início do famoso clássico infantil *Alice no país das maravilhas* que cataloga as experiências mágicas que se abrem para Alice conforme ela faz uma escolha após a outra. Alice não gosta de ficar entediada; e ela escolhe uma vida de aventura.

Não podemos ser todos como Alice e ir atrás de coelhos misteriosos pelo buraco de um jardim. Mas podemos e devemos fazer escolhas que nos ajudem a viver vidas felizes, saudáveis e em harmonia.

Digo repetidamente aos meus amigos que o dom da vida humana é a maior bênção que Deus nos concedeu. O amanhecer de cada novo dia endossa esse presente a nosso favor. Costumo dizer que um novo dia é o voto de confiança de Deus em nós; é a sua indicação de que Ele ainda confia em nós para cumprir o propósito para o qual nos enviou a esta Terra.

À medida que cada novo dia amanhece, enfrentamos uma escolha: podemos escolher ser felizes, saudáveis, prestativos e positivos naquele dia. Ou podemos escolher ser enfadonhos, deprimidos, miseráveis, egoístas e negativos. No momento em que acordamos começamos a fazer escolhas.

A cada passo, em cada etapa da vida, escolhas nos são dadas. Há escolhas a fazer, pois Deus nos deu a liberdade de escolher o que quisermos, sob a forma do que foi chamado de livre-arbítrio.

Nós *podemos* escolher o que gostamos! Se fizermos as escolhas certas, cresceremos em saúde, felicidade e vitalidade. Se fizermos as escolhas erradas, sofreremos com doenças, perda de energia, perda de criatividade e perda de entusiasmo.

O que você vai escolher?

"Cada um de nós faz seu próprio clima, determina a cor dos céus no universo emocional que habita", dizia o bispo Fulton Sheen. Escolha a esperança em vez do desespero; escolha o positivo em vez do negativo. A vida do bispo Sheen foi em si mesma um exemplo maravilhoso das escolhas que um homem pode fazer para viver uma vida que valha a pena e que tenha um propósito. Enquanto ainda era um jovem sacerdote, suas poderosas habilidades de comunicação foram notadas pela Igreja. Mesmo continuando a ser professor de Filosofia e de Teologia na Universidade Católica, foi convidado para apresentar o programa de rádio *The Catholic Hour*. A verdade é que ele apenas foi convidado para substituir o apresentador do programa por algumas semanas, em 1930; mas provou ser tão popular que continuou a apresentar o programa premiado pelos próximos vinte anos. Em 1951, ele começou a apresentar o popular programa de televisão *Life is Worth Living* na WNBC. Esse programa também foi um grande sucesso, atraindo cerca de 30 mil espectadores todas as noites. Foi e continua a ser a série religiosa mais vista na história da televisão. Ele foi um dos estudiosos mais instruídos de sua época; no entanto, a sua abordagem e a sua maneira de falar atraíram as pessoas comuns, e seu público entusiasmado afirmava que ele sempre "dizia as coisas como elas realmente são". Ele falava espontaneamente, sem anotações ou papéis, falava com o coração. O bispo Sheen ganhou um Prêmio Emmy de personalidade televisiva mais notável; foi destaque na capa da Revista *Time*; e se tornou um dos católicos mais influentes do século XX. Quando foi selecionado para receber o popular Prêmio Emmy, comentou modestamente: "Na verdade, escolhi aceitar este prêmio apenas em homenagem aos meus grandes escritores, Mateus, Marcos, Lucas e João".

Durante todo esse tempo ele continuou a lecionar na Universidade Católica, muitas vezes levando até seis horas para se preparar para uma aula de duas horas. Foi convidado a falar com presidiários e, quando percebeu o impacto de sua mensagem sobre eles, tornou uma missão especial de sua vida visitar as prisões e falar aos presos. Ele nunca recusou um convite para falar com as pessoas; sentiu que era seu dever levar a mensagem de Deus às pessoas em todos os lugares.

O bispo Sheen nunca reclamou, dificilmente tirou folga como fazemos e nunca pareceu se cansar da carga de trabalho, o que deixaria a maioria das pessoas confusa. Certa vez, ele disse a um entrevistador que a fonte de sua força e de seu espírito de nunca desistir vinha de uma escolha, de uma decisão que ele tomou no dia de sua ordenação em 1919, que era passar uma hora todos os dias em meditação. Ele manteve essa prática todos os dias pelo resto de sua vida. Em sua autobiografia *Treasure in Clay* [*Tesouro em barro*], ele diz que a hora diária foi uma grande fonte de crescimento e alegria em sua vida, descrevendo a hora da meditação como aterradora e transformadora. Isso muitas vezes significava acordar uma hora mais cedo em um dia agitado de trabalho; por vezes significava desistir de alguns compromissos sociais; em alguns momentos era realmente difícil. Mas ele nunca desistiu de seu hábito escolhido.

William James disse certa vez: "a maioria das pessoas vive, seja física, intelectual ou moralmente, em um círculo muito restrito de seu ser potencial. Elas fazem um uso muito pequeno de suas possíveis consciências e dos recursos de suas almas em geral". O bispo Fulton Sheen foi padre, pregador, professor, jornalista, arrecadador de fundos para a Igreja, popular colunista, autor e personalidade midiática. Ele nunca se absteve. Ele foi tudo o que poderia ser.

Se você fizer a escolha certa, poderá desfrutar do presente de uma vida longa, feliz, saudável, significativa e gratificante.

Escolha o amor de Deus

Escolha aceitar o amor de Deus por você. Ele quer que você viva a vida ao máximo e não apenas exista. Aceite o seu amor infinito e você descobrirá que o poder, a vitalidade e as vibrações positivas fluem de dentro de você.

Comece o dia com Deus. E uma boa maneira de começar o dia é simplesmente afirmando diversas vezes: "Eu te amo, Deus. Eu te amo, Deus. Eu te amo, Deus".

Seria de grande ajuda se você pudesse identificar pelo menos uma prática espiritual para si mesmo e a fizesse regularmente. Isso pode ser algo muito simples como quinze minutos de silêncio; um tempo de quietude pessoal de meia hora; ou um curto período de meditação ou de leitura das Escrituras, ou de seu autor inspirador preferido. Faça o que for preciso para se aproximar de Deus; torne-o real em sua vida.

Foi um poeta inspirado que disse: "Nós recebemos apenas o que oferecemos". Quando oferecemos o nosso amor a Deus, recebemos o seu infinito amor por nós. Quando lhe oferecemos a nós mesmos e a nossa vida, Ele torna a nossa vida abençoada e bela.

Escolha a boa saúde

O seu bem-estar não é algo que você pode considerar garantido. É uma escolha que você faz! M. Scott Peck chama o bem-estar físico e mental de uma jornada, um processo, uma evolução, em vez de um destino. O título de seu livro, *The road less travelled* [*A trilha menos percorrida*] é, na realidade, retirado de um poema de Robert Frost:

> Duas estradas divergiam em um bosque, e eu
> Eu segui a menos percorrida
> E isso fez toda a diferença.

A saúde é uma jornada que começa e continua com sucesso quando percorremos o caminho correto e escolhemos aqueles aspectos que irão garantir o nosso bem-estar e aumentar a nossa vitalidade.

A minha receita para uma vida saudável é confiar a sua saúde aos cuidados desses excelentes médicos pessoais: Dra. Dieta, Dr. Silêncio, Dr. Sol e Dr. Riso. E não se esqueça de tomar a sua dose diária de vitaminas A e C, água e caminhada.

Escolha a comida certa

Uma das médicas que você deve consultar para ter uma vida saudável é a Dra. Dieta. Deixe-me explicar: devemos escolher comer bem – e também devemos fazer isso pelas razões certas.

Devemos escolher os alimentos não apenas por sua textura, sabor ou por seu apelo ao paladar. Devemos escolher os alimentos pelo seu valor nutritivo e pelos benefícios que nos trarão. É claro que a nossa comida deve ser saborosa e agradável. Mas esse não é o seu principal objetivo. Nós comemos para viver – não vivemos para comer. Portanto, devemos escolher alimentos que aumentem a vida e a vitalidade.

O *Gita* nos diz que o alimento pode ser de três tipos – sáttvicos, rajásicos e tamásicos.

Os alimentos sáttvicos contribuem para a calma e para a paz de espírito. Eles induzem pensamentos e sentimentos piedosos. Eles nos mantêm em um estado de equilíbrio emocional e equanimidade.

Os alimentos rajásicos nos dão muita energia – mas gastamos grande parte dela para digerir e eliminar esses alimentos. Como contêm intensificadores de energia, há maior probabilidade de acúmulo de toxinas no corpo se essa energia não for totalmente utilizada. Os médicos ayurvédicos nos dizem que os alimentos ricos desse tipo geram estresse, causando distúrbios respiratórios, renais ou cardíacos. A comida rajásica também causa obesidade, diabetes e úlceras.

Os alimentos tamásicos dão muito pouca energia e são difíceis de digerir. Eles também geram uma grande quantidade de toxinas no sistema.

Uma dieta ideal é aquela que evita os alimentos rajásicos e tamásicos. Você não ficará surpreso ao saber que aquilo que as antigas Escrituras hindus consideravam como comida sáttvica é agora considerado como o alimento ideal – embora com nomes diferentes. Os especialistas as chamam de alto teor de fibras, naturais, antioxidantes etc., e nos encorajam a comer mais desses alimentos. Quanto ao que os sábios chamavam de alimentos rajásicos e tamásicos – os mesmos alimentos são agora rotulados como de alto teor de gordura, alto colesterol, cancerígenos etc., e somos advertidos a mantê-los fora de nossas dietas o máximo possível.

Em termos práticos, a alimentação pode ser de duas categorias: alimentos de violência ou *himsa*, isto é: alimentação que inclui peixe, carne e aves; e a alimentação de *ashimsa* ou de não violência – uma dieta vegetariana.

Durante os últimos cinquenta anos ou mais, médicos e nutricionistas se inclinaram amplamente para a opinião de que uma dieta vegetariana é a melhor opção para uma boa saúde.

Eu recomendo aos meus amigos que todos os alimentos que são cozidos devem ser consumidos com moderação; e os alimentos que não são cozidos, como saladas e frutas frescas, devem ser consumidos em abundância – eu chamo isso de minha comida "cozida ao sol".

Uma história antiga nos conta que o Anjo da Comida chegou diante da Presença Divina, maltratado, exausto e severamente abatido.

"Eu não aguento mais", ele reclamou. "As pessoas abusam de mim, exploram-me. Não há respeito por mim – não há piedade para compreender que eu sou o seu *prasadam* para os homens. Todos se entregam em excesso. Nunca houve tantos maus-tratos a um de seus dons."

O Senhor sorriu e lhe disse: "Aqueles que abusam de você e se entregam ao excesso estão se destruindo".

Todas as escolhas alimentares têm as suas consequências. O *fast-food* sacia, mas não sustenta a sua saúde e vitalidade. Os alimentos de preparo rápido que vêm em pacotes trazem substâncias químicas e aditivos a você, mas sem nutrição ou bom gosto.

Alimentos "vivos" – frutas e vegetais frescos e naturais – acrescentam alegria e entusiasmo às nossas vidas. Alimentos "mortos" apenas fazem de seu estômago um cemitério de carcaças doentes.

Quando você escolhe a comida certa também economiza muito dinheiro. Pergunte a si mesmo o que é mais caro – uma banana ou um pacote de salgadinhos fritos? Um saco de tomates ou uma barra de chocolate? Uma refeição de salada e sopa ou uma pizza?

Escolha um ambiente saudável

Está em nossas mãos criar um ambiente mental e físico saudável ao nosso redor. Deixe o ar fresco e a luz entrarem em sua casa. Não se feche em gaiolas com ar-condicionado ou calefação. Se você for obrigado a trabalhar em ambientes desse tipo, tome o máximo de ar fresco e de luz solar que você puder, por meio de uma caminhada diária ao ar livre, por exemplo.

Escolha um ambiente mental saudável, afastando as preocupações, a ansiedade e os pensamentos negativos da sua vida. Escolha otimismo, pensamentos positivos, paz e alegria.

Um ambiente vital feliz e agradável contribui para uma vida tranquila e sem estresse. Para cada um de nós isso pode significar um cenário diferente. Sei que muitas pessoas nascidas e criadas em um ambiente movimentado, mas amistoso e agradável de *peths* e *wadas* da histórica cidade antiga de Pune, detestariam se mudar para o que consideravam ser o bairro sem alma e estranho dos novos subúrbios e das sociedades habitacionais. Do mesmo modo, as pessoas que odiavam o ruído, o barulho e o congestionamento da cidade fizeram o possível para se mudar para um edifício de apartamentos calmo e moderno assim que puderam.

Se o seu ambiente de trabalho está causando estresse e ansiedade, você deveria considerar seriamente a possibilidade de mudança de emprego.

O colo da mãe natureza

Você já reparou que algumas das maiores histórias de transformação do mundo acontecem em contraste com o fundo de magníficas cenas naturais? Em Shangri-Lá, nas alturas cobertas de neve dos Himalaias, um herói encontra o segredo da eterna felicidade. No pico de uma montanha, mais um descobre a verdade universal. No meio da beleza e da serenidade das montanhas suíças, Heidi encontra a sua felicidade.

A natureza é mágica; é misteriosa e poderosa; é curativa, inspiradora e edificante. Os panteístas acreditam na santidade da natureza. Os transcendentalistas acreditam que o Espírito de Deus permeia toda a natureza. O nosso próprio *Isopanishad* nos diz: "*Ishavasyam Idam Sarvam*", "Tudo o que existe é uma veste do Senhor".

A natureza é uma curandeira mágica. Quando passamos um tempo em volta da natureza, caminhando na mata, ouvindo a música dos pássaros, cuidando do nosso jardim ou apenas olhando para o céu à noite, sentimo-nos revitalizados. Quando respiramos o ar fresco de espaços abertos e de ambientes não poluídos, os nossos espíritos debilitados se recuperam.

Os psicólogos explicam que, quando estamos sozinhos com a natureza, nós deixamos de lado os nossos "papéis" sociais e responsabilidades mundanas e, assim, nos conectamos com as forças positivas do universo. É por isso que muitas pessoas inconscientemente escolhem o litoral, um *resort* nas montanhas ou um local de natureza preservada como seu destino de férias preferido. A natureza pode curar, inspirar e transformar. Pode operar milagres em nossa psique cansada e em nosso exausto corpo físico, e nos devolver a sensação de harmonia e bem-estar.

Escolha a cura certa

Recentemente os médicos passaram a reconhecer que a dieta, o ambiente e a condição psicológica dos homens podem influenciar o sistema imunológico e, assim, afetar negativamente a nossa saúde – um sistema imunológico enfraquecido leva a uma série de doenças. Assim, vários sistemas alternativos de medicina têm sido capazes de curar as pessoas apenas fazendo-as mudar sua dieta, seu ambiente e seu estilo de vida.

Considere o seguinte: a maioria de nós consome carboidratos e açúcares em excesso; temos o hábito de consumir comida sem qualidade; os alimentos processados que comemos contêm muitos aditivos e substâncias químicas nocivas; as nossas casas são limpas e pulverizadas com *sprays* e inseticidas que causam estragos no nosso sistema imunológico.

Recorrer à medicina holística pode ter um efeito benéfico em nossa saúde. A maioria dos sistemas alternativos também coloca grande ênfase em práticas como o silêncio, a meditação e a ioga. Isso ajuda a nos limpar e a nos livrar dos desequilíbrios emocionais.

Desintoxique o seu sistema

O ambiente em que vivemos atualmente está longe de ser saudável. As pessoas se referem a este planeta como um "mundo tóxico". O ar está poluído; as águas estão carregadas de resíduos químicos; até mesmo os alimentos que comemos estão contaminados com pesticidas. Talvez mais pessoas do que nunca estejam expostas à sobrecarga tóxica, causando um forte estresse à mente e ao corpo.

Os nossos sistemas precisam ser limpos e purificados para resistir a esse ataque, e assim restaurar o equilíbrio natural do corpo. Mas as nossas mentes precisam do mesmo processo de cura e purificação. Aqui estão algumas dicas para desintoxicar a mente:

- Desligue a televisão e o celular de vez em quando.
- Pensamentos negativos agem como toxinas na sua mente – expulse-os.
- Evite criticar, julgar e se ressentir com outras pessoas, mesmo em pensamento.
- Queime a raiva antes que ela o queime.
- Evite a companhia de pessoas negativas.
- Todos os dias passe alguns minutos em silêncio.
- Desenvolva uma perspectiva nova e positiva da vida.

Escolha os amigos certos

Todos nós conhecemos o antigo ditado: "Dize-me com quem andas e te direi quem és".

As pessoas "certas" não são aquelas que sempre concordam conosco. As pessoas "certas" não são aquelas que nos levam a maus hábitos. Elas não são apenas pessoas com quem é divertido estar.

As pessoas "certas" são pessoas livres e francas que não têm medo de sacudi-lo quando você erra. São pessoas leais e corajosas que ficarão ao seu lado mesmo quando as coisas dão errado. São pessoas que lhe dão apoio moral e incutem autoconfiança em você.

Acima de tudo, essas pessoas escolhem percorrer o caminho da verdade, da integridade e da retidão. Não estamos todos levando uma vida heroica ou memorável: em nosso pequeno mundo, em nossas próprias vidas individuais, escolhamos o caminho da retidão.

Nós podemos – e devemos – fazer as escolhas certas. Deus nos deu poder e sabedoria para isso. Nós também temos a opção de reagir positiva ou negativamente a tudo o que aparece diante de nós.

A escolha é nossa!

Exercícios

1) Se tivesse de viver sua vida novamente, o que você escolheria de maneira diferente das escolhas que você realmente fez?

2) Você considera seriamente seu estilo de vida – a comida que você ingere, a sua forma física e a sua atitude em relação à vida como um todo?

3) Que tipo de ambiente combina com você, aquele em que você é mais feliz? O que você fez para criar esse ambiente em casa e no trabalho?

4) Você fez a escolha certa?

7
Não é tão difícil quanto se pensa

Algum tempo atrás, um empresário veio me procurar. Ele sofrera um grande prejuízo por conta de um delito financeiro praticado por seu sócio, que também era seu amigo. Ele estava destruído emocional e fisicamente.

"Confiei plenamente no meu sócio, Dada", disse, controlando os seus sentimentos com grande dificuldade. "Eu não tinha motivo para não confiar! Ele foi meu amigo de infância, e o pai dele e o meu pai foram parceiros de negócios. Nunca me ocorreu que um amigo pudesse trair a minha confiança. Diga-me, será que escolhi errado quando escolhi confiar nele? É minha culpa que minha família esteja agora enfrentando uma catástrofe financeira? Eu deveria ter suspeitado e vigiado de perto o meu sócio? Como vou confiar na minha escolha novamente? Com base em que poderei tomar outras decisões?"

O mesmo tipo de angústia foi apresentado por um casal que me encontrou algumas semanas depois. Eles tinham se esforçado para encontrar um par adequado para sua filha, sua única filha. Eles peneiraram por meio de muitas propostas. Eles tinham considerado os antecedentes familiares, o *status* social, a solidez financeira e investigaram completamente sobre o caráter do rapaz. Eles tinham feito pesquisas minuciosas com amigos e familiares, e consultado o melhor astrólogo para comparar os horóscopos da noiva e do noivo. Quando ficaram totalmente convencidos de que realmente seria uma união adequada, eles foram em frente e organizaram um grande casamento.

Imagine o choque e o horror quando eles descobriram que o jovem já havia se casado com sua secretária anteriormente e era pai de uma criança. Não apenas os seus sonhos para a filha foram destruídos, mas a vida da jovem foi arruinada.

"Queríamos o bem para a nossa filha, Dada", chorou a mãe. "Não queríamos nada além do melhor para ela. Não fizemos uma escolha com base em nosso preconceito pessoal. Nós consultamos o máximo de pessoas que pudemos; conversamos com muitas pessoas que conheciam pessoalmente a família e o noivo. Não tínhamos a menor ideia de que seria um desastre. Onde nós erramos? Como podemos reparar nossa terrível escolha?"

Olhe ao seu redor e certamente você encontrará muitos desses casos. As pessoas fazem escolhas de boa-fé, baseadas em suas percepções e sabedoria; e ainda assim as coisas dão errado. Casamentos que começaram como um mar de rosas terminam em divórcio; posições de engenheiros e médicos "compradas" como um prêmio por amorosos pais são abandonadas quando seus filhos decidem perseguir seus sonhos em outras direções. Pessoas queridas são confiadas aos cuidados dos melhores cirurgiões para uma grande cirurgia após prognósticos positivos e garantias dadas por médicos e administradores hospitalares. Embora a cirurgia seja bem-sucedida, o paciente não sobrevive! Propriedades, imóveis, terras compradas com as economias de uma vida toda acabam se tornando pesadelos legais. A lista é interminável.

Tudo isso significa que não podemos escapar da nossa "sina" ou do nosso "destino"?

Significa que o nosso chamado livre-arbítrio é apenas um mito?

Mais uma vez, afirmo: Deus nos deu o livre-arbítrio e o direito de escolha. Se escolhermos errado, mesmo inconscientemente, enfrentaremos as consequências. Mas, nesses casos, devemos enfrentar os efeitos de nossa escolha com espírito de humildade e aceitação. As escolhas erradas foram feitas para que possamos aprender algumas lições necessárias da vida. Há pouco a ganhar nos culpando ou culpando a Deus por todos os nossos males. Deus é muito amoroso para punir; muito sábio para cometer um erro.

A vida está cheia de escolhas difíceis. E muitas vezes nos deparamos com mais de uma opção. Quanto mais opções, mais difícil se torna decidir. Quando existem duas opções, é fácil decidir qual escolher. Entrar no elevador ou subir as escadas. Caminhar ou pegar um ônibus. Chá ou café. Perder a calma ou exercitar a paciência. A escolha é fácil. Mas se houver mais opções, por vezes, se torna difícil para nós fazermos a escolha certa.

Nas páginas seguintes, espero oferecer algumas sugestões práticas sobre como fazer a escolha certa. Mas, antes de fazer isso, quero colocar você no estado de espírito certo que lhe permitirá escolher bem e com sabedoria.

Para ser capaz de fazer a escolha certa, você deve aquietar a sua mente, acalmar os seus sentidos e abrir o seu coração, deve eliminar todas as noções preconcebidas e preconceitos. Então, convide Deus para entrar em sua mente e seu coração a fim de que você possa receber sua graça e tomar a melhor decisão.

Você deve praticar a presença de Deus. Praticar a presença significa estabelecer uma relação com Ele. Faça de Deus seu pai, irmão ou amigo. Ele também é sua mãe. Eu digo aos empresários para fazerem de Deus o seu sócio principal. Vá para Deus repetidas vezes. Fale com Ele como você faria com um parente ou amigo. Sinta que Deus está o tempo todo ao seu lado. Quando a mente divagar, pratique a presença repetindo uma simples oração, como por exemplo: "Eu te amo, Deus". Ou simplesmente repita o nome de Deus.

A oração de afirmação também ajuda quando você está diante de uma escolha importante. Depois de considerar cuidadosamente quais são os resultados desejáveis e indesejáveis da escolha que você está prestes a fazer, pense profundamente no que você deseja; e o que você não quer de sua escolha. Então, afirme para si mesmo: "Querido Deus, as nossas vidas estão seguras em tuas mãos. Os meus filhos, família, trabalho e vida estão sob a tua proteção divina. Não temo por eles. Expulsei todo o medo, pois entreguei a minha vida em tuas mãos seguras. Eu sei que cuidarás dos meus entes queridos em cada passo, em cada etapa da vida. Por favor, aceita os meus agradecimentos por proteger os meus entes queridos".

Repetir afirmações também é útil. Você deve afirmar o que deseja, não o que não deseja. A sua afirmação deve ser sempre positiva. Existe a lei da atração, que afirma que o universo é uma imensa máquina de copiar, que não julga se o seu desejo está certo ou errado, apenas o aproxima daquilo que você deseja. Tem-se afirmado simplesmente que a lei da atração (LDA) é a crença de que o universo cria e proporciona aquilo em que os seus pensamentos estão focados. Os pensamentos positivos levam a resultados positivos e os pensamentos persistentemente negativos levam a consequências negativas.

Deixe-me expressar algumas afirmações positivas para ajudar você a fazer a escolha certa:

1) Confiarei e ouvirei a minha voz interior.

2) Cultivarei e apreciarei os relacionamentos amorosos.

3) Mudarei o meu pensamento e a minha vida.

4) Enfrentarei a vida com coragem.

5) Cultivarei a atitude de gratidão.

6) Praticarei a virtude do perdão que cura a mim e aos outros.

7) Escolherei a bondade.

8
Primeira afirmação positiva:
"Confiarei e ouvirei a minha voz interior"

Muitas vezes, quando você está procurando respostas para perguntas difíceis e soluções para problemas difíceis, você as encontra dentro de você. Você apenas precisa ficar em silêncio e ouvir a sua voz interior. As respostas para as perguntas estão todas lá!

A "voz interior" de que falo é também chamada de "instinto", "intuição" ou mesmo de "guia interior". Não, não estou falando sobre "ouvir" vozes que o instruem a fazer isso ou aquilo do nada. Estou falando sobre a voz mansa e delicada que fala com você em silêncio. Homens tão diferentes uns dos outros, como o idealista de grande alma Gandhi e o icônico empresário Steve Jobs, declararam a sua confiança na voz interior. Gandhi disse: "Qualquer um que deseja pode ouvir a sua voz interior, pois ela está dentro de todos". De sua própria perspectiva, Steve Jobs falou: "O seu tempo é limitado, então não o desperdice vivendo a vida de outra pessoa. Não fique preso no dogma que é viver com os resultados do pensamento de outras pessoas. Não permita que o ruído das opiniões alheias abafe a sua própria voz interior. E o mais importante, tenha a coragem de seguir o seu coração e a sua intuição".

Essa voz interior tem sido interpretada por alguns como a voz da nossa consciência ou mesmo a voz da divindade dentro de nós. É definitivamente a voz de nossa sabedoria interior, alimentada pela união de todas as experiências da nossa vida.

A voz interior é frequentemente ouvida no nosso mundo rotineiro do trabalho. Alguma vez você já experimentou isto: de repente você acorda em uma manhã pensando em um amigo perdido há muito tempo ou em uma pessoa querida com quem de alguma forma você perdeu o contato; e do nada, aparece uma ligação ou *e-mail* dessa pessoa? Você já passou por um procedimento de rotina no trabalho e, de repente, decide verificar alguns detalhes e descobre que escapou por pouco de tomar uma decisão errada? Meu amigo, que é contador oficial, costuma me dizer que ele tem um "sexto sentido" dizendo-lhe que algo está errado em algum lugar quando ele abre uma planilha para verificar uma conta. Existem também exemplos mais felizes, de pessoas que reconhecem seus futuros parceiros quando os veem pela primeira vez.

Nelson Mandela, o ícone antiapartheid e líder revolucionário, que se tornou presidente da África do Sul e covencedor do Prêmio Nobel em 1993, foi encarcerado na infame prisão de Robben Island para depois ser transferido para outras prisões de alta segurança, situação que perdurou por 27 anos. Durante aqueles dias sombrios, quando muitos dos seus companheiros de prisão pairavam entre a esperança e o desespero, Mandela disse ter encontrado inspiração em um poema vitoriano, "Invictus", do poeta inglês William Ernest Henley. Uma parte do poema está abaixo:

> Não importa quão estreito seja o portão,
> quão carregado com castigos esteja o pergaminho,
> eu sou o mestre do meu destino:
> eu sou o capitão da minha alma.

Nelson Mandela não apenas lia o poema completo, mas frequentemente o recitava para os seus companheiros de prisão para os encorajar e fortalecer sua luta pela causa da liberdade. Se o espírito de Mandela triunfou sobre a adversidade e escolheu o caminho da esperança em vez do desespero, foi porque ele ouviu a sua voz interior. "Eu sempre soube que um dia voltaria a sentir a grama sob os meus pés e caminharia sob a luz do sol como um homem livre", ele diria mais tarde.

Como poema, "Invictus" tem uma interessante história de fundo. Em 1875, o poeta Henley foi informado de que uma de suas pernas deveria ser amputada devido a complicações decorrentes da tuberculose. Por azar, logo após a realização da cirurgia de amputação, os médicos lhe disseram que a sua outra perna também teria de ser amputada para salvar a sua vida. O poeta enfrentou uma difícil escolha: permitir que os cirurgiões amputassem a sua única perna restante, e escolher a vida em vez da morte.

Henley fez uma escolha corajosa, ele decidiu consultar o notável cirurgião inglês Joseph Lister, que conseguiu salvar sua perna restante após várias intervenções cirúrgicas no pé. O poema, sua única composição conhecida, foi escrito durante esse período de adversidade e dor.

Como você pode acessar a sua voz interior e obter sabedoria para fazer a escolha certa? Aqui estão algumas condições prévias que você deve cumprir:

1) Pergunte a si mesmo o que você realmente quer de uma situação particular. O que o deixará realmente feliz? Quais são os efeitos/as consequências que o deixarão muito insatisfeito?

2) Considere os efeitos de sua escolha sobre os seus entes queridos e sobre as outras pessoas ao seu redor. Como a sua decisão os afetará?

3) A terceira e mais importante pergunta que os conselheiros e mentores costumam fazer é: "Você quer estar certo ou

quer ser feliz?" Em outras palavras, mantenha a consciência limpa e sua paz de espírito acima de todos os outros objetivos que você possa ter e organize todas as outras metas com base nisso.

Posso acrescentar que você nunca conseguirá ouvir aquela voz mansa e delicada dentro de você a menos que aprenda a praticar o silêncio? Milhões de nós não sabemos o que é ficar em silêncio, mesmo que por pouco tempo. Podemos estar sozinhos, em perfeita solidão; mas o clamor de nossos pensamentos e sentimentos abafam nossa voz interior. Conhecer a si próprio, compreender a sua verdadeira natureza e perceber o que você realmente quer da vida é um longo processo exploratório. Isso não acontece em um instante. A reflexão, a meditação e o silêncio abrem as portas para os recessos interiores do seu coração, que você se esqueceu de cuidar na azáfama da vida. A nossa desculpa é que não temos tempo. Não temos tempo para nos conhecer, muito menos para compreender e valorizar a melhor parte do nosso verdadeiro eu.

A questão é que ninguém pode lhe ensinar o objetivo da sua vida. É apenas a sua própria voz interior que pode dizer o que você deve fazer da sua vida.

Sempre valorize a voz mansa e delicada dentro de você. É uma voz suave e interior, suscetível de ser abafada no grito e no clamor do mundo grande e mau. Cabe a nós garantir que ela esteja sempre alerta, viva e atenta. Não permita que a voz da sua divindade interior se extinga – pois ela é o seu guia para pensar e viver corretamente.

O incidente com o qual concluirei este capítulo não é uma história comum. É o auge do que foi chamado de "a maior história já contada". É a história das horas finais de Jesus Cristo como homem livre antes dos terríveis acontecimentos de sua prisão e julgamento pelos romanos. Devemos lembrar de que Jesus também enfrentou uma escolha crucial naquela noite, no Monte das Oliveiras.

De acordo com os Evangelho, Jesus foi com três de seus discípulos ao Jardim do Getsêmani. Exortou os seus discípulos a rezar, enquanto Ele próprio se "afastava deles a uma pequena distância"; Jesus teve uma sensação de profunda tristeza e angústia, e rezou: "Pai, todas as coisas te são possíveis; afasta de mim este cálice; não seja, porém, o que eu quero, mas o que tu queres".

Um pouco mais tarde, disse: "Pai, se não é possível que este cálice passe de mim sem que eu o beba, faça-se a tua vontade" (Mt 26,42). Ele pronunciou essa oração não uma, não duas, mas três vezes, voltando-se para os três apóstolos entre cada oração e encontrando-os adormecidos. Então, Jesus comentou: "o espírito está pronto, mas a carne é fraca". Dizem [os evangelistas] que um anjo veio do céu para o fortalecer. Durante a sua agonia, enquanto ele rezava: "O seu suor tornou-se como grandes gotas de sangue, que corriam até ao chão" (Lc 22,44).

No final de sua silenciosa comunhão com Deus, Jesus aceita que é chegada a hora de cumprir o seu destino; Ele escolhe abraçar a vontade de Deus e enfrentar o que a vida lhe reserva.

Alguns de vocês podem estar perplexos, impressionados com essa história. Você vai, sem dúvida, protestar: "Mas Jesus era o Filho de Deus! Ele poderia enfrentar a escolha da vida e do martírio! Nós somos mortais inferiores".

Mas esse é exatamente o ponto. Se Jesus precisou de silêncio, reflexão e comunhão com sua divindade interior antes de enfrentar a sua escolha crucial, não precisamos seguir o seu exemplo divino nas ações de nossa vida cotidiana?

Exercícios

1) Você já teve um "pressentimento" ou uma vontade de tomar uma decisão em particular?

2) Você é uma pessoa "intuitiva"?

3) Quando você tenta refletir antes de tomar uma decisão crucial, suas próprias dúvidas e escrúpulos abafam a voz de seu guia interior?

4) Você pratica o silêncio na sua vida cotidiana?

9
Segunda afirmação positiva:

"Cultivarei e apreciarei os relacionamentos amorosos"

Um relacionamento amoroso é um dos bens mais valiosos com o qual podemos ser abençoados.

Asseguramos que o nosso dinheiro, as nossas joias preciosas, os nossos bens móveis e imóveis estão seguros e bem protegidos. Mas eu me pergunto o quanto valorizamos algo que é o nosso maior patrimônio nesta vida mundana, ou seja, os relacionamentos humanos.

Como seres humanos, existem muitas pessoas e coisas com as quais nos relacionamos: nós apreciamos a mãe natureza e o ambiente em que vivemos; desenvolvemos uma ligação especial com certos lugares como os nossos parques preferidos, praias ou montanhas; temos recantos especiais e lugares tranquilos dentro e fora de nossas casas; existem também certos momentos do dia que são especiais para nós. Na verdade, temos uma relação vital com muitos desses valiosos lugares e momentos. A nossa tranquila caminhada matinal, os nossos tranquilos dez minutos no terraço ou na varanda, o nosso alongamento confortável naquela aconchegante cadeira de balanço.

Mas os relacionamentos humanos são especiais. Eles precisam ser nutridos, sustentados, cuidadosamente cultivados para que não enfraqueçam devido à nossa negligência. No entanto, se há outra coisa que tomamos como certa na vida, além do ar que respiramos, são essas mesmas relações que tornam nossa vida significativa. Escolhemos as nossas relações especiais com cuidado o suficiente para começar; mas assim tendo feito, optamos por permitir que a maioria delas prospere na negligência benigna.

Eu usei a expressão "negligência benigna" porque, quando alguém lhe pede para recordar as pessoas especiais em sua vida, a maioria protesta que os ama acima de tudo. "Claro, eu amo os meus pais", jura o homem casado que mora a mil quilômetros de casa e está totalmente imerso em sua carreira, negócios, família e finanças. "Naturalmente os meus irmãos serão sempre especiais para mim", diz o irmão ou a irmã que tem o hábito de ligar para os irmãos a cada ano novo (o aniversário deles já foi esquecido há muito tempo).

Os relacionamentos não se limitam apenas à família, embora, para a maioria de nós, as famílias devam estar sempre em primeiro lugar. Mas, hoje, eu gostaria que você pensasse na grande família humana: amigos, amizades em formação, colegas de trabalho, vizinhos e as centenas de pessoas cuja vida você toca de uma forma ou de outra.

A interconexão dos seres humanos é uma das coisas mais belas da vida; deixe-me apresentar as bonitas palavras do sermão original de John Donne, do livro *Devotions upon Emergent Occasions* [Devoções para ocasiões emergentes]:

> Nenhum homem é uma ilha completa em si mesma; todo homem é um pedaço do continente, uma parte da terra firme... por isso nunca mandes perguntar por quem os sinos dobram; eles dobram por ti.

Pergunte a si mesmo: Você valoriza esses relacionamentos humanos preciosos? Você se esforça para nutrir e cuidar deles?

"Nunca mandes perguntar por quem os sinos dobram; eles dobram por ti."

Hoje, quase 600 anos após o sermão ter sido proferido, as pessoas o consideram como uma advertência exemplar contra o isolamento e a indiferença. Ninguém sofre sozinho, o poeta argumenta enfaticamente; e estar consciente da dor e do sofrimento alheio apenas nos torna mais fortes, mais sensíveis e mais cuidadosos.

Os relacionamentos humanos são ao mesmo tempo sutis, delicados e complexos. Eles precisam ser nutridos e fortalecidos, curados e cuidados, tanto quanto as pessoas envolvidas neles. Quando as coisas vão bem, tudo é tranquilo e descomplicado, o amor e o afeto, a amizade e a compreensão florescem. Mas quando as coisas começam a dar errado a jornada se torna difícil. A tendência humana é transferir a culpa, acusar a outra pessoa e assumir o papel da parte lesada, e, em geral, sentir que uma é a vítima e a outra a culpada. Isso acontece com todos, em um momento ou outro da vida – entre pais e filhos, marido e mulher, irmãos e amigos, e entre parceiros e colegas.

Costumo dizer aos meus amigos que a maior fome do mundo atualmente é a fome de compreensão. Hoje em dia não há duas pessoas que pareçam se entender. Portanto, os mal-entendidos são abundantes em nossa vida. Há mal-entendidos em nossas casas, clubes, escolas, colégios, universidades, empresas e organizações.

Recordo as palavras do grande profeta da Pérsia, Zoroastro: "Saiba bem que cem templos de madeira e pedra não têm o valor de um coração compreensivo". Precisamos compreender os corações para que as pessoas possam cultivar e valorizar relacionamentos amorosos, que são o elixir da vida humana.

Pare e pense por um minuto: como você escolheu tratar a sua relação com as pessoas que mais importam na sua vida?

Relacionamentos existem para o cuidado; não para criticar, encontrar falhas e entrar num jogo de culpas. E a melhor maneira de nutrir um relacionamento é se esforçar para compreender as pessoas, se colocando no lugar delas, tendo empatia por elas e valorizando a presença delas em sua vida.

Hoje em dia, a maioria das pessoas vê os relacionamentos de maneira negativa: pense nas reclamações familiares que você ouve em todas as direções. Meus pais não me entendem; meus filhos não valorizam o que eu faço por eles; meu marido não tem tempo livre para mim; minha mulher não percebe o estresse que eu enfrento todos os dias; a minha equipe não é boa; o meu superior é muito duro, e assim por diante.

Para mudarmos, vamos escolher as seguintes afirmações positivas apenas por hoje?

- Tenho sorte de ter pais que me apoiam...
- Os meus filhos fazem a minha vida valer a pena...
- A vida é linda por causa dos meus amigos...
- Estou feliz por estar trabalhando e por fazer parte de uma equipe...
- Onde eu estaria sem todos aqueles que fazem da minha vida o que ela é?
- Eu valorizo todas as pessoas na minha vida... os empregados domésticos, os auxiliares de escritório, os comerciantes que me servem, os trabalhadores cívicos que mantêm a cidade, o trânsito e os sistemas em movimento... onde eu estaria sem a presença invisível deles?

Escolha cuidar de seus relacionamentos preciosos. Aprender a valorizar as pessoas, aprender a apreciá-las é o primeiro passo para estabelecer relacionamentos de sucesso. As chamadas "incompatibilidades" e os "mal-entendidos" devem ser resolvidos por meio de esforço contínuo, compreensão e reconciliação – por um processo constante de amar e perdoar, dar e receber, de ter compreensão e empatia. Não existe vínculo rompido; existem apenas mal-entendidos e erros que podem ser facilmente corrigidos se tivermos vontade de fazê-lo.

Vamos escolher o aqui e o agora para compreender e valorizar as pessoas em nossas vidas; vamos aprender a ouvir; vamos aprender a nos colocar no lugar da outra pessoa antes de acharmos falhas ou de criticarmos.

Quando você faz uma escolha difícil, quando você se depara com uma decisão difícil, não considere apenas o que isso significa para você. Pense nas pessoas que serão afetadas pela sua decisão: sua família, seus amigos, seus subordinados, seus vizinhos e parceiros de negócios.

Trate o seu cônjuge como um parceiro igual, por mais difícil que isso seja na sociedade patriarcal em que vivemos. Respeite os seus sentimentos e aspirações e não trate a pessoa com quem você vive como coadjuvante conveniente para a sua vida.

Quando fizer escolhas para os seus filhos, leve em consideração os seus sonhos e aspirações. Embora possa ser perfeitamente normal que os pais escolham um bom jardim de infância ou escola primária para os seus filhos, cabe às crianças decidir se querem jogar tênis ou hóquei, aprender a nadar ou a tocar violão, e escolher engenharia, medicina ou gestão hoteleira como carreira. Impor os seus pontos de vista e sonhos sobre eles (mesmo que seus pais tenham feito isso com você) vai ser contraproducente. Deixo com vocês as palavras de Khalil Gibran:

> Vossos filhos não são vossos filhos.
> São os filhos e as filhas da ânsia da vida por si mesma.

Vêm através de vós, mas não de vós.
E embora vivam convosco, não vos pertencem.

Escolha dar asas aos seus filhos. Não espere que eles sejam jogadores reservas que estão lá para realizar os seus sonhos.

Quanto aos filhos, gostaria de lhes dizer: ofereçam amor e respeito aos pais que lhes deram a vida e os criaram; vivam a vida em seus próprios termos, mas não deixem de dar aos seus pais um lugar especial em seu coração e em seu lar.

Se você tiver a sorte de ter familiares mais velhos, avós, aprenda a amá-los e a cuidar deles. Uma pesquisa recente realizada por psicólogos da Universidade Emory nos diz que as crianças que conhecem em primeira mão a história de sua família (tendo ouvido falar sobre seus pais e das suas famílias por parte de seus avós, incluindo detalhes de onde eles vieram, onde estudaram, como a família fez ou perdeu sua fortuna, como os tios e tias cresceram etc.) sempre provaram ser mais resistentes e positivas do que as crianças criadas isoladamente. Esse tipo de conhecimento familiar constrói o que os psicólogos chamam de "o eu intergeracional", ou a sensação de que as crianças se sentem pertencentes a algo maior do que seu ser individual.

Recentemente, li esta história sobre um jovem que passou com sucesso em três níveis de entrevistas e estava agendado para se encontrar com o diretor-geral da empresa para uma etapa final. O histórico acadêmico do jovem era tão brilhante que o diretor lhe perguntou se ele já tinha recorrido a bolsas de estudos governamentais na escola ou na universidade. O candidato respondeu: "Não, senhor, nunca".

"Foi seu pai que pagou por sua educação ao longo de toda a sua vida?"

"Perdi meu pai quando tinha apenas três anos, senhor. Foi minha mãe quem trabalhou para me colocar na escola e na faculdade."

"Onde ela trabalhava"?, o diretor perguntou. O jovem respondeu que ela havia trabalhado (e ainda estava trabalhando) como lavadeira em uma pensão.

O diretor pediu para ver as mãos do jovem; ele viu que estavam limpas, macias e bem cuidadas. "Você já lavou roupa para a sua mãe alguma vez"?, perguntou ao jovem. "Não, senhor, nunca", o filho respondeu. "A minha mãe nunca permitiria isso; ela me diria para voltar para os meus livros e estudar bem."

"Tudo bem", disse o diretor. "Esta noite, quando você for para casa, gostaria que você olhasse atentamente para as mãos de sua mãe e as limpasse. Quando nos encontrarmos amanhã de manhã, gostaria que me contasse o que você sentiu."

O jovem estava entusiasmado. Ele sentia que conseguiria o emprego com certeza. Ele correu para casa e disse à sua mãe, que estava ocupada lavando roupas: "Mãe, deixe-me ver as suas mãos".

A mãe ficou surpresa com o pedido repentino. Meio chorando e meio feliz, suas emoções misturadas começaram a se manifestar na forma de lágrimas; ela estendeu as mãos e seu filho as sentiu. Ele encontrou as mãos dela enrugadas e ásperas, com hematomas e calosidades. Suas lágrimas começaram a escorrer copiosamente; ele lavou e limpou as mãos dela e disse a sua mãe para descansar enquanto ele lavava as roupas restantes.

Na manhã seguinte, quando encontrou com o diretor, ele estava em um estado de espírito sombrio e subjugado. "Então, diga-me, você foi para casa e limpou as mãos da sua mãe"?, perguntou o oficial superior. "Conte-me, o que você sentiu?"

O jovem olhou para o diretor e o executivo viu que seus olhos estavam marejados. "Eu gostaria de poder descrever com precisão os meus sentimentos para o senhor. A primeira coisa que senti foi apreço por todo o esforço e dor que a minha mãe colocou para fazer de mim o que sou. A segunda foi a constatação de que nada na vida nos chega em uma bandeja; há o trabalho árduo e o sacrifício de alguém por trás de cada realização. A terceira foi uma gratidão imensa pelos relacionamentos familiares. Fiz a minha mãe descansar e lavei a roupa para ela. Passamos muito tempo falando sobre o nosso passado e a vida dura e difícil que ela teve. Estou muito grato ao senhor por isso. Eu sempre amei a minha mãe; mas agora eu a valorizo como um ser humano maravilhoso."

O oficial superior disse a ele: "Você está contratado como gerente nesta empresa. Preciso de alguém que aprecie o trabalho dos outros, que respeite o trabalho árduo e que seja grato pela ajuda que recebe dos outros. O dinheiro e a obtenção de lucro por si só não são os objetivos desta empresa. Precisamos trabalhar como uma equipe e respeitar uns aos outros".

Exercícios

1) Pense em seus relacionamentos próximos. Existe alguma coisa que o perturbe ou incomode sobre eles?

2) Quem você acha que é o culpado? Você ou a outra pessoa envolvida?

3) Tente deixar de lado todos os ressentimentos e resolva mudar a si próprio e a sua atitude para que o relacionamento possa ser restaurado.

4) Escolha valorizar os seus relacionamentos preciosos.

10
Terceira afirmação positiva:

"Mudarei o meu pensamento
e a minha vida"

Em um mundo obcecado por coisas negativas – contendas, controvérsias, discórdia entre as nações; desentendimentos, hostilidade e conflito entre as pessoas; tensão, depressão e frustração dentro das pessoas, eu lhes dou a mensagem de otimismo e fé em que sempre acreditei: "A felicidade é seu direito de nascença, pois você é um filho de Deus".

Não, não podemos mudar as circunstâncias à vontade; mas podemos mudar a nossa atitude em relação às circunstâncias. E eu acredito firmemente: você não é um fracassado até que desista de tentar. Você não pode ser derrotado, exceto em seu interior. Não há barreira intransponível, exceto a sua própria fraqueza. Não há problema que você e Deus não possam resolver juntos.

Esta é, portanto, uma das escolhas cruciais que você deve fazer: cultivar a atitude correta. Mude o seu pensamento – e mude a sua vida.

Você pode perguntar: Isso não é um pouco inverossímil? Como o pensamento pode mudar a minha vida? Como isso pode mudar o mundo ao meu redor, que é a causa de todos os meus problemas?

David começou a fumar às escondidas quando tinha 14 anos. Aos 25 anos, já fumava 40 cigarros por dia. Quando a sua tia, uma especialista em câncer, lhe falou seriamente e o convidou para assistir a uma palestra intitulada "Fumar mata", ele decidiu virar uma nova página. Decidiu parar de fumar. Não foi fácil. Mas, com enorme força de vontade e determinação, ele obteve sucesso.

Passaram-se apenas dois anos desde que Vijay começou a trabalhar; pouco mais de seis meses desde o seu casamento. Ele acumulou uma fatura de cartão de crédito de 20 rúpias de laque[6], incluindo juros. O seu sogro, um empresário, interveio para salvá-lo do acúmulo de dívidas e da desonra. Mas sua esposa ficou tão mortificada que abandonou o casamento. Vijay fez um curso de controle da mente, e com um esforço de maratona abandonou o hábito de gastar compulsivamente. Um ano depois, sua vida estava de volta aos trilhos, e ele e a sua esposa voltaram a ficar juntos após o aconselhamento.

David e Vijay tomaram decisões de mudança de vida depois de terem feito as escolhas erradas inicialmente.

"A natureza dos homens é a mesma, são seus hábitos que os mantém separados", disse Confúcio. O pensamento positivo pode funcionar para você se você se dedicar a ele.

Pesquisadores em psicologia nos dizem que, em média, o homem comum tem cerca de 60 mil a 90 mil pensamentos em sua mente todos os dias: e desses, mais de 96% dos pensamentos são os mesmos que você teve no dia anterior. Em outras palavras, apesar do nosso pensamento contínuo, apenas 4% por dia são pensamentos novos. Você fica pensando a mesma coisa: bem, eu

---

6 Uma rúpia de laque equivale a cem mil rúpias [N.T.].

vou fumar alguns cigarros e me sentirei mais compreensível na minha mente. Ou então eu devo sair e comprar algo para mim e isso vai me fazer sentir melhor. Ou, eu nasci gordo e vou morrer gordo; estou inadequado de todo jeito e não vai ser possível perder tanto peso; mais vale comer o que eu quiser.

Você tem os mesmos velhos pensamentos cansados; você mesmo começa a acreditar neles; você age com base nessas crenças e sua vida se torna problemática: tabagismo excessivo/gastos excessivos/peso excessivo. Você precisa evitar essas armadilhas de pensamentos mortais.

Deixe que eu me apresse em acrescentar: dificilmente há alguém entre nós que não teve de lidar com padrões de pensamento negativo em um momento ou outro de sua vida. Por favor, não cometa o erro de imaginar que você é o único com um pensamento tão destrutivo. O pensamento negativo chega para todas as pessoas normais; nós apenas temos de aprender a lidar com isso de forma eficaz.

Deixe os pensamentos negativos desaparecerem! Mas não pare de tirar as negatividades da sua mente; substitua-as por pensamentos positivos. Nas palavras da Bíblia: "Quanto ao mais, irmãos, tudo o que é verdadeiro, tudo o que é honesto, tudo o que é justo, tudo o que é puro, tudo o que é amável, tudo o que é de boa fama, se há alguma virtude, e se há algum louvor, nisso pensai" (Fl 4,8).

Os pensamentos são forças; pensamentos podem influenciar as nossas ações e mudar as nossas personalidades; pensamentos são os blocos de construção da nossa vida. Um pensamento, se for constantemente mantido na mente, nos levará à ação. Uma ação que se repete cria um hábito. A soma total de nossos hábitos forma o nosso caráter, que determina o nosso destino. Portanto, se desejamos mudar o nosso destino, devemos começar com o pensamento. Mude o padrão do seu pensamento – e você pode mudar a sua vida para melhor.

Deixe-me explicar isso com um breve exemplo. Uma jovem volta para casa depois de um dia difícil no escritório. Ela está exausta mental e fisicamente. Suas costas doem; sua cabeça está explodindo; ela não consegue comer. Tudo o que ela quer fazer é tomar um banho quente e desabar na cama.

Então o telefone toca. É a sua melhor amiga que acabou de voltar de férias no exterior. A amiga quer encontrá-la e levá-la a um hotel cinco estrelas para um jantar especial. E ela tem presentes tão emocionantes que deseja entregar o mais rápido possível. "Pode vir, por favor?", diz a amiga.

A menina entra em ação. Em um instante ela está de banho tomado, enfeitada, vestida, maquiada, perfumada e com aparência de um milhão de dólares. Ela sai de casa para se encontrar com a amiga e passa uma noite emocionante; volta para casa tarde da noite, carregada de presentes que ela abre e admira não uma, mas várias vezes. E quando ela vai para a cama, não consegue dormir de tanto entusiasmo.

Escolha a atitude correta, a atitude positiva. Tudo muda quando a sua atitude muda. A sua atitude controla o seu corpo. Quando a atitude da menina era negativa, a sua mente sinalizava cansaço e exaustão para o corpo. "Eu estou cansada". O corpo começou a responder à mensagem com lentidão. Começou a acreditar que precisava entrar em colapso, que não podia continuar. Todo o seu metabolismo desacelerou, aceitando a mensagem da mente.

Um telefonema transformou o seu cansaço em excitação. Sua mente estava cheia de entusiasmo. Ela estava pronta para sair, encontrar sua amiga, ficar por dentro de todas as novidades e compartilhar uma adorável refeição com ela. Suas emoções agora cantavam uma melodia diferente. "Corra, corra!" Ela obteve força, energia, vitalidade e brilho. Ela estava pronta para qualquer coisa agora.

É um fato clinicamente comprovado que seu corpo reage à sua atitude. Conheço banqueiros e financiadores que sofreram um ataque cardíaco quando seus investimentos provaram ser ruins. Da mesma forma conheci pacientes crônicos que reanimaram milagrosamente quando um casamento foi anunciado ou nasceu um bebê na família. Más notícias podem deixar você doente; e boas notícias podem deixar você bem. As emoções negativas criam um desequilíbrio no seu corpo levando a problemas de saúde; as emoções positivas restabelecem o equilíbrio, trazendo boa saúde. O seu corpo reage à sua atitude e muda o seu estado de saúde. Se você deseja mudar de vida, só precisa mudar de atitude. Você pode mudar a sua atitude e escolher ser saudável.

Existem pessoas que concentram a atenção apenas nos problemas e nas dificuldades. Conte-lhes sobre os seus sonhos e planos e elas dirão: "Não! Isso é impossível! Nunca vai dar certo". Elas apontarão todos os inconvenientes e fraquezas do seu plano e farão o possível para convencê-lo de que você não pode vencer. Essas são as pessoas que podem se gabar: "Traga-me uma solução e eu lhe darei um problema".

David W. Hartman da Pensilvânia ficou cego quando tinha oito anos de idade. Ele sempre sonhou em estudar Medicina; mas a faculdade de Medicina para a qual se candidatou o desencorajou severamente ao apontar que ninguém com deficiência visual jamais havia concluído um curso de Medicina. Hartman se recusou a ser negativo. Corajosamente, ele assumiu a tarefa de "ler" 25 livros de medicina que estavam gravados em áudio para ele. Aos vinte e sete anos, David W. Hartman se tornou o primeiro cego a concluir a faculdade de Medicina.

Dois homens foram a um centro de reabilitação para deficientes. Cada um deles tinha perdido um braço.

Ao final de um ano de treinamento, um deles estava tão desanimado que chegou à conclusão de que não valia a pena viver com tal deformidade. O outro homem estava tão feliz que dizia que era uma bênção a natureza ter dado às pessoas dois braços, quando ele podia se virar perfeitamente bem com apenas um.

O pensamento positivo não pode ser ensinado, deve ser captado. Portanto, tenha cuidado com as suas companhias. Se você estiver na companhia de pessoas de mente positiva, suas vibrações e energias positivas o influenciarão a desenvolver um espírito otimista.

A segunda coisa que o ajudará a desenvolver o pensamento positivo é contar as suas bênçãos. Havia uma mulher cuja amiga lhe perguntou se ela contava carneiros para adormecer. A mulher respondeu: "Eu não conto carneiros, em vez disso conto as minhas bênçãos. Eu as conto até chegar a um ponto em que não preciso mais numerá-las. Então eu apenas relaxo e sei que Deus está no comando e cuidará de mim em qualquer situação, presente ou futura".

Se há uma escolha que todos nós devemos fazer é escolher o pensamento certo, a atitude certa.

Adote uma atitude positiva perante a vida. Isso não pode ser feito em um dia. Mas você deve começar agora. Nunca deixe para amanhã o que você pode fazer hoje. Nunca deixe para depois o que você pode fazer imediatamente.

Ninguém fora de nós pode nos prejudicar. Só nós é que podemos prejudicar a nós mesmos. É muito fácil colocar a culpa na porta de outra pessoa. É muito fácil falar: "É apenas por causa de A ou B que estou com problemas agora". Mas a verdade é que ninguém fora de nós tem esse poder. Foi uma sábia mulher quem disse: "Quanto mais eu vivo, mais me convenço de que a vida é 10% o que acontece conosco e 90% como eu reajo a isso". Acrescente a essa declaração: "A atitude é mais importante do que educação, saldo bancário, influência, posição e poder e as circunstâncias em que estamos agora. Se mudarmos a nossa atitude, podemos mudar as nossas vidas".

Quando as atitudes estão corretas, não há barreira que não possamos ultrapassar, não há sonho que não possamos realizar, não há objetivos que não possamos alcançar, não há desafios que não possamos superar. Foi John Miller quem disse: "A sua vida é determinada não tanto pelo que a vida lhe traz, mas pela atitude que você tem perante a vida".

Há alguns anos eu estava em Déli quando fui convidado pelo canal de TV Doordarshan para visitar o seu estúdio. Lá conheci um homem maravilhoso. Ele havia perdido os dois braços em um acidente. Mas mantinha uma atitude positiva. Ele treinou os seus pés para que pudesse assumir o trabalho de redigir na imprensa. Com um sorriso no rosto e um sentimento de alegria ele disse: "Eu ganho ₹ 500 [quinhentas rúpias] por mês. Eu não sou um fardo para ninguém".

Houve outro homem que conheci em Pune. Ele estava sentado na beira da estrada e havia perdido as duas pernas.

"O que aconteceu com você"? Eu perguntei a ele.

"Nada", ele respondeu. "Eu nasci desse jeito."

"Posso perguntar, quem cuida de você, meu amigo?"

"Minha mãe – e, acima de tudo, Deus."

"Você acha difícil, inconveniente se deslocar?"

"Você acha difícil e inconveniente não ter asas"?, ele me perguntou. "Você não acha que seria muito melhor se pudesse voar por sua conta em vez de esperar para pegar aviões?"

"A vida é uma questão de hábito", ele continuou. "Se você começar a reclamar, há muito do que reclamar. O que conta é a atitude."

Os passos seguintes o ajudarão a cultivar uma atitude positiva:

• Esvazie a sua mente de todos os pensamentos negativos e preencha-a com pensamentos novos, revigorantes e positivos. Reserve um tempo todos os dias para aplicar um bom xampu à sua mente.

• Um alfaiate experiente afirma que a melhor maneira de manter as roupas em bom estado é certificando-se de que os bolsos estão vazios ao pendurá-las. Podemos inferir disso que a melhor maneira de mantermos a nós e as nossas vidas em boa forma é esvaziando as nossas mentes de todas as preocupações, ansiedades, tensões e pensamentos negativos antes de nos deitarmos a noite. Podemos então começar o novo dia com energia, vigor e frescor.

• Sempre que a sua mente o estiver conduzindo para o pensamento negativo, afirme para si mesmo pensamentos positivos que mudarão o rumo do seu pensamento.

• As escrituras do mundo estão repletas de pensamentos dinâmicos e energéticos positivos que têm o poder de aumentar a sua motivação e manter o seu ânimo elevado. Escolha qualquer pensamento que o agrade e repita-o constantemente para si mesmo.

O grande psiquiatra Karl Menninger disse: "Pense grande. Os homens não se destroem porque são derrotados, mas apenas porque eles pensam que o são". Não pense na derrota; pense na vitória. Pense grande, aja grande, acredite grande, reze grande. Essa é a fórmula para superar a tensão.

Um fabricante de calçados mundialmente famoso decidiu expandir seus negócios abrindo uma nova filial em um país remoto e pouco conhecido. Ele chamou um de seus gerentes de *marke-*

ting e pediu a ele que pegasse o próximo voo para aquele país e explorasse a possibilidade de abrir uma nova fábrica.

O jovem executivo voou no dia seguinte. Mas, dentro das 24 horas depois de ter aterrissado, ligou para o seu chefe. "Este lugar não é bom para o nosso negócio", ele disse sombriamente. "As pessoas não usam sapatos aqui. É melhor esquecer qualquer ideia de montar uma fábrica aqui. Simplesmente não vai dar certo. E eu estou pegando o próximo voo para casa."

O chefe ficou muito insatisfeito com o relatório. Ele estava determinado a fazer o que queria. Então, chamou outro jovem gerente e o enviou com a mesma ordem.

Poucas horas depois de ter chegado lá o jovem ligou muito animado. "Este lugar é inacreditável", ele exclamou. "O nosso negócio terá um *boom* por aqui. Essas pessoas nem sabem como são os sapatos. Quando introduzirmos os sapatos aqui, teremos um mercado inteiro, novo e inexplorado. Envie os nossos planejadores e arquitetos o mais rápido possível. Nós devemos montar uma fábrica aqui e venceremos todo o caminho."

Que diferença uma atitude positiva pode fazer!

Você já ouviu a bela história da menina de seis anos que descobriu que foi adotada por seus pais, as pessoas que ela amava mais do que quaisquer outras no mundo? A criança ficou atordoada com a descoberta. "Eu não sou mesmo filha de vocês, sou"?, ela continuava a perguntar. "Vocês não me fizeram, vocês apenas me levaram."

A sua mãe era uma mulher sensível. Ela disse para a sua filha: "Bem, querida, as pessoas simplesmente têm os seus próprios filhos e não têm escolha sobre o assunto. Mas você é especial porque nós realmente escolhemos você".

Em uma pesquisa sobre mulheres que trabalham, descobriu-se que mesmo entre as que desempenhavam o mesmo tipo de trabalho, algumas viam o emprego como uma série de aborrecimentos, enquanto outras o viam como uma experiência positiva em que tinham o controle de suas próprias vidas. Entre aquelas que se sentiam positivas em relação ao trabalho, a satisfação era 30% maior.

Se você vê o seu trabalho apenas como um "emprego", isso o arrasta para baixo. Se você o vê como um chamado, como uma vocação, então não é mais uma labuta ou um problema. Torna-se uma expressão do seu *self*, uma parte de você.

Um ilustre visitante chegou a uma pedreira onde vários trabalhadores pobres estavam trabalhando arduamente. Ele foi até alguns deles e fez apenas uma pergunta a cada homem: "O que você está fazendo"?

O primeiro respondeu com raiva: "Você não vê que estou quebrando pedras"?

O segundo enxugou o suor da testa e respondeu: "Estou ganhando a vida para alimentar a minha esposa e meus filhos".

O terceiro homem olhou para ele e disse alegremente: "Estou ajudando a construir um belo templo".

Você pode imaginar qual desses homens obtêve o melhor do seu trabalho.

Esteja você em casa, no trabalho ou entre amigos, você deve exalar otimismo e pensamento positivo – e você verá que isso se refletirá de volta em você.

Se você está enfrentando um desafio – tentando ganhar um jogo ou apenas terminando uma tarefa difícil, que tipo de pessoa gostaria de ter com você? Pessoas negativas que vivem dizendo que você vai falhar – ou pessoas positivas que o motivam a ter sucesso?

Sempre gravitamos em torno dos otimistas que esperam o melhor da vida. Viver uma vida feliz e contente é um grande desafio – e uma grande conquista. É um desafio que é mais bem enfrentado com otimismo.

Yasa era filho de um nobre rico e vivia em um palácio. Sob a influência de Buda, ele renunciou toda a sua riqueza e conforto e aceitou todas as dificuldades da vida de um mendicante. Ele dormia no chão; comia o que recebia como esmola de pessoas caridosas. E estava feliz.

Um dia ele teve um forte ataque de reumatismo. No início, suportou a dor em seus passos. Os dias se passaram, e a dor persistiu. Ele não conseguia andar com facilidade. Por vezes a dor era tão grande que ele nem conseguia se concentrar na sua meditação. Ele se sentiu miserável; se foi a alegria da vida dele. A sua mente ficou lenta; ele se sentia cansado e exausto.

Um dia, enquanto pedia esmolas, ele encontrou uma menina brincando com suas amigas. Ela tinha apenas uma perna e mancava de muletas. No entanto, estava feliz como uma onda dançando no mar. Gritava, ria e se divertia com as outras crianças.

Ao vê-la, Yasa sentiu vergonha de si mesmo. "Essa menina que tem apenas uma perna é brilhante e feliz", disse para si próprio. "E eu, um discípulo de Buda, estou desolado por um pouco de dor." Ele virou uma nova página. A dor não podia mais incomodá-lo. Ele estava livre.

A depressão não é devida ao que nos acontece: é devida ao que acontece dentro de nós. Escolha ser um novo você a partir do seu interior.

Exercícios

1) Você costuma usar palavras/expressões negativas na sua conversa? (por exemplo: isso não pode ser feito, é impossível, eu não

consigo fazer isso etc.) Se você acha que a resposta é "sim", mude para palavras e expressões mais positivas como: "sim, eu consigo", "claro, isso será feito" etc.

2) Com que frequência você pensa coisas boas sobre si e sobre os outros? Esteja atento a coisas, a fatos e a circunstâncias para poder ser positivo. Descubra coisas sobre si e sobre os outros que agradam você.

3) Com que frequência você sorri? Sorrir, automaticamente coloca você em um estado de espírito positivo.

4) Escolha pensar positivo!

11
Quarta afirmação positiva:
"Enfrentarei a vida com coragem"

A vida exige de nós que vivamos com coragem. Winston Churchill considerava a coragem como a maior de todas as virtudes – porque não podemos exibir nenhuma outra virtude sem ela. Sem a coragem de agir, a justiça seria impossível. Sem a coragem de amar, a compaixão e a compreensão não existiriam. Sem a coragem de suportar, a fé e a esperança não floresceriam.

Os especialistas em linguística relacionam a palavra inglesa *"courage"* [coragem] com a palavra francesa *coeur*, que significa coração. A coragem nasce do coração. É a resposta do coração ao impulso do medo.

O hino imortal de Tagore começa com as palavras:

> Onde a mente está sem medo...
> O *Bhagavad Gita* nos diz:
> Conheça o mundo transitório
> sem se apegar e sem temer,
> confie no desenrolar da vida
> e alcançará a verdadeira serenidade.

As incertezas da vida têm de ser assumidas, enfrentadas com coragem. Escapar e fugir não são soluções.

Sempre que viajo para o exterior as pessoas me perguntam por que não comemoramos o Dia das Mães na Índia. Minha resposta a elas é: "Todo dia é Dia das Mães na Índia". De fato, onde estaríamos sem nossas mães? Elas são nossas heroínas não celebradas. Todos os dias, assumem corajosamente a tarefa de alimentar, vestir e cuidar de seus filhos e famílias. Elas os levam para a escola; os ajudam com o dever de casa. Elas lavam e passam; cozinham e limpam. Elas equilibram orçamentos, planejam o futuro. Elas participam de atividades comunitárias, cumprem festivais, jejuns e dias santos. O trabalho delas nunca para. No entanto, quantos de nós apreciamos sua coragem?

A coragem é a chave. Viver uma vida plena, viver de acordo com o plano de Deus, viver uma vida com propósito e sentido requer coragem.

Para aqueles de nós que vivem pela fé, bem como para aqueles que colocam a sua crença na "ciência", a vida apresenta uma série de questões sem resposta – por vezes irrespondíveis. Por que coisas ruins acontecem com pessoas boas? Por que um homem jovem e inteligente, marido, pai, irmão e filho de uma família de pessoas maravilhosas tem de morrer de uma forma rara e desconhecida de câncer? Por que lindos bebês por vezes nascem cegos, deformados ou espásticos? Por que as nações deste mundo estão acumulando um arsenal nuclear que pode destruir dez vezes o planeta?

Na verdade, como já foi dito, ser sentenciado à vida é ser sentenciado à morte. Consequentemente, os covardes morrem várias mortes.

A vida está cheia de incertezas, o desconhecido e o incognoscível. Os especialistas recomendam que devemos desenvolver aquilo que eles chamam de "uma elevada tolerância à incerteza" se quisermos viver em paz, mesmo estando conscientes de que, nesta vida, muitas coisas estão fora de nosso controle. Perder o controle e conviver com a incerteza geram medo, e esse medo pode ser vencido com a atitude certa – pela bondade amorosa, fé e compaixão.

Foi um sábio pensador que evidenciou que existem duas grandes fontes de poder, duas grandes forças de resistência neste mundo: uma delas está investida naqueles que não têm medo de matar, ferir, machucar, mutilar e destruir; a outra está investida naqueles que não têm medo de amar, perdoar, curar e se reconciliar.

Sim, não devemos ter medo de amar – pois isso requer coragem. Eu sempre acreditei que o poder do amor é muito maior do que o poder do ódio. Se quisermos enfrentar as forças escuras da destruição e da aniquilação, devemos usar a maior arma que temos – o poder do amor.

Vamos admitir: não é como se enfrentássemos situações de vida ou morte que exigem pura coragem física. Mas existem desafios difíceis que a vida nos lança do nada. Uma mãe de dois filhos é avisada que precisa fazer uma cirurgia de emergência; a única pessoa com rendimentos e chefe de família é comunicada que será demitida; alguém é informado que pode ter contraído uma doença potencialmente fatal; ou pode ser que você esteja simplesmente rodeado por pessoas que o irritam constantemente e lhe dão nos nervos.

O importante em tais circunstâncias é enfrentar o mundo com coragem e fazer a escolha certa. Mesmo nas circunstâncias mais difíceis, a coragem é uma escolha que transforma nossas tragédias em triunfos.

Quando falo em fazer a escolha certa com coragem, em circunstâncias difíceis, só me lembro da decisão difícil que o meu mestre teve de tomar nos terríveis anos após a divisão da Índia.

Para muitos síndis, o acontecimento histórico da liberdade da nação significou a perda de sua terra natal. Os hindus de Sind sentiam que, se quisessem ser fiéis à fé de seus pais, não poderiam mais permanecer na sua terra natal. Deixando suas propriedades e bens para trás, eles se despediram do solo em que nasceram e buscaram novos lares na Índia. Enquanto a maioria migrou para a Índia apenas para entrar em campos de refugiados superlotados e apertados, outros optaram por se estabelecer em partes distantes do mundo, onde famílias e amigos tinham estabelecido raízes. Punjab e Bengal também foram divididos; mas os refugiados punjabi e bengali do Paquistão ainda tinham uma pátria, um Estado natal na Índia, onde sua língua e cultura continuavam inalteradas. Infelizmente, para os hindus de Sind, não havia nenhum lugar que eles pudessem chamar de casa; nenhum "espaço" para chamar de seu em termos geográficos, culturais e linguísticos. Esta é uma situação que continua até os dias de hoje. Sind foi inteiramente para o Paquistão.

A independência da Índia foi saudada por muitos como um "triunfo da não violência". Uma "revolução sem derramamento de sangue" deveria ter acontecido. Infelizmente, as orgias de assassinato, que vieram na sequência da liberdade, arruinaram até o grande apóstolo da não violência, Mahatma Gandhi. Os acontecimentos daqueles dias – saques e pilhagens organizados, incêndios e matanças em plena luz do dia – são uma mancha no nome justo da nossa terra antiga e infeliz.

Para começar, nos primeiros dias, Sadhu Vaswani e um pequeno grupo de seus seguidores permaneceram em Sind por pouco mais de um ano após a divisão. O mestre sentiu que deveria permanecer e que as Escolas St. Mira deveriam continuar a servir os filhos daqueles recém-chegados a Sind. No entanto, circunstâncias prevalecentes os obrigaram a deixar a terra onde nasceram.

Naquele período sombrio, a absoluta ilegalidade prevaleceu no culto berço da civilização que Sind sempre foi, uma terra onde hindus, muçulmanos e *sikhs* viveram lado a lado em paz e harmonia. Criminosos, assassinos e saqueadores vagavam livremente pela terra. Uma multidão de desordeiros decidiu tentar "capturar" a escola de ensino médio St. Mira, e uma tempestade de difamação e propaganda cruel foi levantada. Em uma reunião com cerca de 30 mil pessoas, espalhou-se uma mentira de que, no momento da morte do Sr. Jinnah, *halwa* havia sido distribuído no satsang de Sadhu Vaswani. Na verdade, o que realmente tinha sido distribuído era o *kadah prasad* do satsang. Mas a multidão enfurecida, que não estava preparada para ouvir ou entender, aclamou um líder da máfia, que declarou em voz alta, com uma pistola na mão: "Esse Vaswani não deve viver".

O editor de um jornal diário local veio ao meu encontro e narrou todo o incidente. "Cabia a mim avisá-lo, querido Jashan", ele disse. "É para você ver se Sadhu Vaswani não sai por alguns dias." Depois, com um brilho nos olhos, ele acrescentou: "Veja se você aborda o assunto com Sadhu Vaswani diplomaticamente".

No entanto, a experiência tinha me ensinado a não usar o "tato" ao lidar com o mestre. Então, quando ele se preparou para a caminhada noturna de costume, narrei tudo o que eu tinha ouvido e implorei ao mestre: "Eu lhe peço, Dada, fique dentro de casa por alguns dias. Pelo que sei, o homem pode estar rondando em algum lugar próximo, a procura de uma oportunidade para usar sua pistola".

Sadhu Vaswani apenas sorriu. Ele me disse: "meu filho, lembre-se de uma coisa. A vida é um dom de Deus. O que Ele deu, somente Ele pode tirar. Quando for da sua vontade, este corpo se misturará ao pó. E quando chega esse momento, nenhum poder na Terra pode me reter. Até que chegue a hora, nenhum tiro de pistola pode atingir um único fio de cabelo da minha cabeça. Bendito seja o seu nome"!

Mas, infelizmente, em novembro de 1948, um dos membros da satsang de Sadhu Vaswani foi brutalmente assassinado. Apenas por conta desse caso o mestre ficou ansioso pela segurança daqueles que permaneceram no Paquistão. Ele finalmente decidiu deixar Hyderabad-Sind, a cidade de seu nascimento, e se mudar para a Índia, onde poderia continuar com o seu trabalho de humanitarismo. Voamos para Bombaim em 10 de novembro de 1948.

Como disse anteriormente, nunca poderei esquecer os primeiros anos após a divisão da Índia, quando passei muito do meu tempo acompanhando o meu mestre Gurudev Sadhu Vaswani em visitas a campos de refugiados na Índia. Eu não posso contar a vocês o espetáculo de privação, pobreza e sofrimento que encontramos nossos irmãos e irmãs que, na época, eram refugiados sem teto. De uma só vez, eles perderam casas, terras, empregos, bens materiais, e muitos até mesmo entes queridos. Sadhu Vaswani os encorajou a serem fortes por dentro. Ele os exortou a serem autossuficientes e a não buscarem ajuda do governo. Por várias vezes ele repetiu aquelas palavras mágicas que se tornaram um mantra de pensamento positivo para todos os seus seguidores: "Dentro de você está um *shakti* escondido; desperte esse *shakti* e tudo ficará bem com você". Fiel às suas palavras, a deslocada comunidade síndi reconstruiu suas vidas despedaçadas e, como uma fênix, ressuscitou das cinzas para se tornar uma das sociedades mais prósperas e filantrópicas do mundo. Até hoje os síndis permanecem um povo altamente culto e civilizado – empreendedor, trabalhador, diligente, cheio de perspicácia empresarial, entusiasmado pelo espírito de fé e coragem. Cada síndi pode se orgulhar do fato de pertencer a uma comunidade filantrópica com presença global, sempre pronta para oferecer uma mão de companheirismo e amizade às pessoas, onde quer que estejam. Os síndis enfrentaram adversidades e infortúnios com fortaleza e resiliência. Eles tiveram a coragem de nunca desistir. Eles tiveram a coragem de fazer a escolha certa.

Exercícios

1) Identifique as áreas da sua vida em que você precisa de coragem para tomar decisões firmes.

2) Você acha que desenvolverá força de vontade e coragem para agir nessas áreas?

3) O que você acha que pode fazer para se tornar corajoso em pensamentos, palavras e ações?

4) Escolha viver com coragem!

12
Quinta afirmação positiva:

"Cultivarei a atitude de gratidão"

Deixe-me começar com esta passagem (de autor desconhecido) que um amigo me enviou:

> Seja grato...
>
> É fácil ser grato pelas coisas boas. Uma vida de grande realização vem para aqueles que são gratos pelos contratempos. A gratidão pode transformar algo negativo em positivo. Encontre uma maneira de ser grato pelos seus problemas e eles podem se tornar suas bênçãos.

Quando você tem mais do que uma opção à sua escolha, agradeça a Deus!

Quando você tomar uma decisão com base em seu instinto e inteligência, peça a Deus para abençoar a sua decisão e agradeça a Deus pela liberdade que lhe foi dada para escolher.

Quando as coisas correrem bem para você depois de ter tomado a decisão, agradeça a Deus.

Quando as coisas não acontecem como você esperava e as consequências são difíceis, agradeça a Deus e peça a Ele que o abençoe com sabedoria e coragem para lidar com a situação.

Sempre repita: "Obrigado, Deus".

Os amigos que me ouviram falar ou leram alguns dos meus livros sabem que esta é a minha forma favorita de comunicação com Deus. No sol e na chuva, na dor e no ganho, na escuridão e na luz, esta é uma oração que eu adoro oferecer a Deus. Eu digo isso a Ele em todas as circunstâncias e em todos os acontecimentos da vida. Eu digo isso com a mais completa confiança de que tudo o que está acontecendo comigo neste momento é um presente, *prasadam*, de suas mãos imaculadas.

Como eu disse a você, essa é a minha oração favorita, mas muitos de nossos irmãos e irmãs com quem compartilhei esta oração não estão convencidos com minhas pobres palavras. "Agradecer a Deus?", eles perguntam incrédulos, com raiva e frustração. "Agradecer a Deus? Pelo quê? Pela inflação e pela recessão? Pelas dívidas e contas a pagar? Pela crueldade e pela indiferença que sentimos, para onde quer que nos voltemos? Pela doença e pela dor?"

Eu digo a eles com um sorriso: "Eu sei que a vida nem sempre é um mar de rosas para nós, seres humanos. Mas eu sei que Deus é todo amor e tudo sabe. Ele é muito amoroso para punir e muito sábio para cometer um erro. O que quer que esteja acontecendo com você deve ser para o seu próprio bem, embora você possa não estar consciente disso quando estiver acontecendo. Portanto, eu lhe digo, mantenha as palavras "Obrigado, Deus, Obrigado, Deus, Obrigado, Deus" constantemente em seus lábios. Um coração agradecido tornará a sua vida bela e abundantemente abençoada".

Quanto a esta questão: "O que há para ser grato"? Devo confessar que isso me deixa sem palavras e com descrença. "Pelo que eu não devo ser grato"? é a minha resposta. Quanto a mim, sou grato por estar vivo; sou grato por poder ver, ouvir e sentir. Deixe-me acrescentar para o seu bem: você deve ser grato por poder andar e correr. Após sete anos de movimentos restritos depois de um derrame, sou profundamente grato por poder ir ao *satsang* e encontrar meus irmãos e irmãs. Eu também expresso a minha gratidão aos médicos, aos enfermeiros e fisioterapeutas que ajudaram na minha cura e aos numerosos irmãos e irmãs que enviaram suas orações pela minha recuperação. No momento, não posso andar sem ajuda, e correr está fora de questão. Mas eu sou grato porque ainda posso me movimentar, apesar da dor e da dificuldade.

O problema com muitos de nós é que apenas nos concentramos no que não temos, e esquecemos de tudo aquilo com que fomos abençoados. Essa atitude é uma ingratidão.

Por que eu deveria ser grato? A maioria das escrituras do mundo e quase todos os grandes mestres espirituais enfatizam que a gratidão é essencial para que a vida seja bela. A maioria das pessoas comuns também concordaria que reclamar e criticar pode tornar a vida amarga e azeda; e amargura e acidez, como sabemos, não são os sabores preferidos de ninguém. Ser grato nos torna positivos, felizes e otimistas; isso nos ajuda a ver o lado bom da vida. Nos ensina a arte da apreciação que, infelizmente, está se tornando uma arte perdida para alguns de nós atualmente.

Alguns especialistas acreditam que carecemos do espírito de gratidão porque consideramos as coisas como certas. Um menino em situação de rua em cujas mãos você coloca um pacote de biscoitos olha para você com gratidão e sorri alegremente. Ele soube o que é ter fome, o que foi ficar muitas vezes sem comida. Ele sabe o valor desses biscoitos, que podem não ser saborosos o suficiente para os nossos paladares.

O que nós fazemos? Alguém se dá ao trabalho de fazer compras, planejar, cozinhar e limpar, de modo que um prato de comida quente seja colocado diante de nós em intervalos regulares. Fazemos caretas e nos queixamos que o prato está muito picante ou não está suficientemente picante; que isso é chato; que não é a nossa receita favorita que foi servida; e que os legumes no prato não são aqueles de que gostamos.

Talvez tenhamos de ficar sem as coisas que consideramos como certas para sermos capazes de valorizar o que temos.

A gratidão é a base de uma vida pacífica, de uma mente segura e estável; é também a essência da espiritualidade.

A aceitação no espírito da gratidão abre a plenitude das nossas vidas. Pode transformar o desespero em fé, a luta em harmonia, o caos em ordem e a confusão em compreensão clara. Restabelece a paz em nossos corações e nos ajuda a olhar para o amanhã na fé de que Deus está sempre conosco.

Não é suficiente falar de gratidão ou praticar atos de gratidão – devemos *viver* a gratidão praticando a aceitação da vontade de Deus em todas as condições, em todos os incidentes e acidentes da vida.

Deixe-me contar uma bela história do Novo Testamento. Jesus estava viajando para Jerusalém quando viu um grupo de dez leprosos parados a distância na estrada. Naquela época, os leprosos eram forçados a viver em cantos remotos, fora da vista das pessoas. O preconceito e a superstição sobre a hanseníase eram tão intensos que as pessoas nem sequer queriam ver os hansenianos. Eles sempre tinham de manter a distância. Mas, quando viram Jesus, se aproximaram, clamaram por Ele em uníssono: "Mestre, pedimos-lhe que nos cure".

Jesus olhou para eles com infinita compaixão. Nove deles eram judeus, enquanto um era samaritano. Bem, um samaritano era considerado um proscrito naquela época; mas o laço comum do sofrimento tinha obviamente unido esses homens. Todos apelaram em uníssono: "Mestre, cure-nos".

Jesus, então, lhes disse: "Vão a um sacerdote", e caminhou.

Os homens ficaram perplexos: "Nós pedimos a Ele para nos curar. Por que nos pede para irmos a um sacerdote? O que um sacerdote poderia fazer por nós"? No entanto, eles decidiram seguir as instruções do mestre e seguiram para o Templo.

No caminho, um milagre aconteceu. Começaram a se sentir melhor, começaram a se sentir mais fortes. Suas feridas começaram a desaparecer, as suas peles se tornaram lisas, os seus rostos se tornaram brilhantes. Na alegria de serem curados, disseram: "Voltemos para casa, para nossas famílias e compartilhemos com elas as Boas-novas".

E assim, os nove judeus saíram num instante para voltar para as suas famílias. Mas o samaritano voltou para encontrar Jesus. Ele percorreu todo o caminho para alcançar o Mestre, e caiu aos seus pés com os olhos cheios de lágrimas, dizendo: "Mestre, eu não tenho palavras para expressar a minha gratidão a você. Você me curou. Obrigado! Obrigado! Obrigado"!

Jesus abençoou o samaritano, e lhe disse: "Dez foram purificados, apenas um veio. Onde estão os outros nove"?

Moral da história: até mesmo Deus sente falta de algo quando você não expressa gratidão a Ele pelo o que Ele faz por você. "Obrigado, Deus!" Essas palavras devem estar sempre nos seus lábios, o tempo todo.

Quando as coisas não estão correndo como desejamos, tendemos a desenvolver uma "visão de túnel", ou seja, nos concentramos no lado escuro e negativo da vida. Contudo, faremos bem em recordar que é sempre mais escuro antes do amanhecer, e as provações e adversidades podem ser poderosos agentes de mudança que nos ajudam a crescer, evoluir para nos tornarmos seres humanos melhores e, eventualmente, fazer de nossas vidas um sucesso.

Há várias coisas em nossas vidas sobre as quais escolhemos não ser felizes. A nossa "lista de desejos" para algo diferente, para algo a mais, para outra coisa além da que já possuímos se estende a vários aspectos da nossa vida cotidiana.

Muitos adolescentes abastados agora carregam *smartphones*, algo que era inédito até dez anos atrás. Mas nem todos estão felizes com esses aparelhos. A cada seis meses ou mais, eles desejam mudar os modelos; querem mais "recursos"; querem o mais recente. Quando lhes é negado o que desejam, eles ficam de mau humor e reclamam que gostariam de ter pais mais ricos e bondosos.

As donas de casa, mães e esposas desejam ter cozinhas mais bem equipadas. Elas querem mais dispositivos, equipamentos e recursos para tornar a sua vida mais fácil. Elas querem móveis melhores, cortinas mais caras e roupas de melhor qualidade para usar. Os homens querem melhores empregos, melhores patrões, carros maiores, mais dinheiro e mais tempo de lazer.

Não há nada de errado em desejar qualquer uma dessas coisas. O problema surge quando desenvolvemos um sentimento de descontentamento ativo com o que somos e com o que temos. O descontentamento leva à depressão e a depressão destrói a nossa paz de espírito.

Um psiquiatra descreveu a depressão como uma "raiva voltada para dentro". Estamos com raiva de tantas coisas e de tantas pessoas; estamos descontentes com a maneira como vivemos nossas vidas e estamos com raiva de nós mesmos.

Foi São Francisco quem rezou: "Senhor, dai-me força para mudar o que pode ser mudado, resignação para aceitar o que não pode ser mudado e sabedoria para distinguir uma coisa da outra".

A sabedoria consiste em aceitar o que você não pode mudar; o que não pode ser curado deve ser suportado. Isso não é resignação passiva ou abnegação pessimista. É o caminho da sabedoria que conduz à paz.

Precisamos crescer no espírito de aceitação, pois a vida está cheia de acontecimentos inesperados. Uma pessoa querida nos é arrancada de repente. Inicialmente somos devastados; choramos, derramamos lágrimas amargas, nos recusamos a comer, não conseguimos dormir.

A sabedoria está em aceitar a vontade de Deus, não com desespero ou resignação, mas com paz, aceitação e fé, sabendo que nossa jornada pela vida foi perfeitamente planejada pelo infinito amor e pela infinita sabedoria. Não pode haver erro no plano de Deus para nós.

Sempre tentamos fugir de situações difíceis; vez após vez nós nos rebelamos, reagimos com raiva e amargura. Como podemos alguma vez estar em paz?

Lembro-me de que há muitos anos um inspetor de escolas visitou a nossa Escola Mira, em Pune. Durante uma interação com os alunos, ele os perguntou: "Digam-me, onde está situado Pune"? Muitas mãos se levantaram e as crianças deram a resposta em coro: "no Estado de Maharashtra".

"Onde é Maharashtra"?, persistiu o inspetor.

"Na Índia", disseram as crianças.

"E onde é a Índia?"

"Na Ásia."

"Vocês podem me dizer onde é a Ásia?"

"No mundo."

"E onde é o mundo?"

Prevaleceu um silêncio significativo. Mas uma menina saiu com uma resposta excelente. "Senhor, o mundo está seguro nas mãos de Deus."

O mundo está seguro nas mãos de Deus. Por que, então, devemos nos preocupar com pequenas desilusões e pequenos contratempos?

Devo dizer que algumas das pessoas que sofrem de dores ou doenças, alguns dos pacientes que conheci em hospitais, são maravilhosos exemplos para todos nós seguirmos. Eles descobrem muito pelo que ser gratos em meio à sua dor e aflição; eles desfrutam do pouco alívio que têm da dor; eles descobrem que tais ou tais movimentos de seus membros podem ser realizados sem esforço e ficam extasiados com isso. Eles ficam felizes por receber visitas; eles são gratos à equipe de enfermagem; eles agradecem aos médicos pelo alívio que sentem.

Quando você fizer uma escolha e os resultados não forem o que você esperava, escolha aceitar as consequências com gratidão.

Deus tem uma maneira única de responder às nossas orações. Às vezes Ele diz: "sim"; às vezes Ele diz: "não"; por vezes Ele diz: "espera"; outras vezes Ele diz: "Aqui está algo melhor"! Quando Ele diz "sim" nós ficamos muito felizes. Mas todas as respostas dele são igualmente boas para nós: "sim", "não", "espera" e "aqui está algo melhor".

Uma maneira de nos garantir que sempre nos beneficiamos das nossas orações é dizendo a Ele: "Deus, conceda-me este desejo se for para o meu bem". Se uma criança chorar por uma faca e desejar desesperadamente pegá-la, certamente a mãe não lhe entregará a faca. Da mesma maneira, Deus, que é nosso Pai e nossa Mãe, nos dará apenas o que for bom para nós.

Se pedirmos a Ele uma flor, Ele pode nos dar uma semente ou uma muda. Cabe a nós plantar a semente, cultivá-la e ajudá-la a florescer. Assim, aprenderemos a apreciar e a valorizar as suas graças.

Não nos desesperemos se nossos desejos não forem atendidos. Os nossos desejos serão definitivamente atendidos de uma maneira diferente e em um momento diferente. Quando vocês estiverem procurando a ajuda de Deus, lembrem-se, sempre teremos lucro e nunca sofreremos prejuízo. Por isso, não desistamos da atitude de gratidão.

O pensamento positivo, assim como a gratidão, não é instantâneo. Para ser positivo, para cultivar o espírito de ação de graças, você precisa se esforçar. Alguns amigos frequentemente me dizem que, apesar de muito esforço, alguns deles são incapazes de se livrar de ressentimentos, reclamações e negatividade. Talvez em alguns raros casos uma vida não seja suficiente para tirar o negativismo de numerosas vidas passadas. Mas você deve continuar se esforçando e, em algum dia, do nada, você verá as nuvens se dispersarem e o sol brilhar intensamente.

Como podemos cultivar a atitude de gratidão em nossa vida diária? Deixe-me passar algumas sugestões práticas.

1) Todos os dias ao acordar, lave o rosto, escove os dentes, fique em frente a uma janela aberta, respire fundo pelo menos três vezes e agradeça a Deus pelo maravilhoso mecanismo que é o seu corpo. Agradeça ao Senhor pelo bom funcionamento do seu cérebro, pela sua preciosa visão, pelas milagrosas capacidades humanas com que Deus o abençoou.

2) Conte sempre as suas bênçãos. As condições podem ser adversas. Nuvens escuras podem aparecer em seu horizonte. As dificuldades podem ameaçá-lo. Mas, certifique-se de sempre encontrar algo pelo qual você se sinta grato a Deus.

3) Aprecie as outras pessoas. Aprecie cada pequena coisa que os outros fazem por você. Diga ao seu cônjuge: "Querido(a), onde eu estaria sem você"? Observe o efeito maravilhoso que essas palavras terão no seu relacionamento.

4) Nunca perca o seu compromisso diário com Deus. Agradeça a Deus por toda a sua misericórdia para com você durante as últimas 24 horas. Na verdade, reveja cada uma dessas bênçãos e agradeça a Deus por cada uma delas. Não tome isso como certo porque Deus sabe tudo de todas as maneiras. Faz diferença quando você realmente revê e agradece a Ele por tudo.

5) Confie na bondade e no poder de cuidado de Deus. Foi George Muller quem disse: "O início da fé é o fim de todas as preocupações e ansiedades. E o início da preocupação e da ansiedade é o fim de toda a fé". Em outras palavras, "entra a fé, sai a preocupação".

Sadhu Vaswani nos disse repetidas vezes: "Deus perturba os nossos planos para criar os seus; e os seus planos são perfeitos". Ele também disse: "Cada decepção é sua designação". Confie na sua bondade e no seu poder de cuidado. Lembre-se de que Deus é muito amoroso para punir e muito sábio para cometer um erro. Portanto, tudo o que acontece conosco tem um significado em sua misericórdia.

6) Deixe as palavras "Obrigado, Deus" estarem nos seus lábios o tempo todo. Quando essas palavras vierem do fundo do seu coração, elas construirão para você uma escada de consciência elevada, que você pode subir para alcançar o auge da alegria e da paz, da saúde e da harmonia. Continue agradecendo a Deus.

7) Agradeça a Deus quando o caminho está árduo. Agradeça até mesmo nos dias e momentos difíceis. É muito fácil agradecer a Deus quando tudo está correndo bem. Mas quando as coisas

dão errado, começamos a perder a fé em Deus; não acreditamos na sua sabedoria; duvidamos até mesmo de sua existência. Quando as experiências amargas chegam até nós, elas vêm com um propósito definido. Elas se destinam a torná-lo melhor de uma forma ou de outra. Portanto, agradeça a Deus até mesmo por circunstâncias adversas.

8) Deixe ir, deixe ir, deixe Deus! Esqueça os seus problemas. A vida pode ser cheia de agruras, mas lembre-se, em Deus existe uma solução para todos os problemas. Deixe Deus assumir o controle. Viva como uma criança. Entregue-se ao Senhor nessa confiança infantil e verá milagres acontecendo diariamente na sua vida.

O meu mestre, Sadhu Vaswani constantemente louvava a Deus. Perguntamos a ele: "Quando as dificuldades aparecem, o que você faz"? Ele disse, "Eu louvo ao Senhor". Perguntamos a ele: "Quando o seu corpo é afligido por doenças e dores, o que você faz"? Ele disse: "Ainda assim eu louvo ao Senhor". "E quando você está passando por uma tempestade na vida?" "Eu ainda louvo o Senhor".

Esse era o segredo da bela vida de Sadhu Vaswani. Tomemos uma folha do livro desse santo homem de Deus, desse santo de compaixão; louvemos a Deus o tempo todo! Tenhamos sempre em nossos lábios e em nossos corações as belas palavras que constituem a Terapia de Ação de Graças: *Shukur! Shukur! Shukur!* Obrigado, Deus! Obrigado, Deus! Obrigado, Deus!

Exercícios

1) Quais são as coisas na sua vida pelas quais você é mais grato?

2) Quantas dessas coisas você entende como garantidas?

3) Escreva um bilhete, ou melhor ainda, chame os seus amigos próximos e familiares para expressar o seu apreço e gratidão por eles estarem sempre presentes na sua vida.

4) Agradeça a Deus pelo grande dom da vida.

5) Escolha a atitude da gratidão.

13
Sexta afirmação positiva:

"Praticarei a virtude do perdão que cura a mim e aos outros"

Uma das escolhas mais difíceis que enfrentamos na vida, dia após dia, é a escolha entre ressentimento e perdão, conflito e paz, discórdia e reconciliação.

Pense nesta situação comum: você está prestes a ganhar velocidade e a atravessar o sinal verde em uma saída de estrada e o veículo que está a sua frente diminui a velocidade, para e provoca um impasse. Em poucos segundos, buzinas raivosas começam a soar e começam a fechar o motorista infeliz.

Você tem uma entrevista em um escritório do governo para receber um certificado importante. Você tira a manhã livre para chegar com antecedência ao escritório apenas para ser informado de que o oficial responsável tirou o dia de folga.

Você vai dar uma festa para alguns amigos em casa e os preparativos estão a todo vapor em sua cozinha. Do nada, sua empregada telefona para dizer que ela não pode vir naquele dia porque não está bem.

Já se passou mais de uma semana desde que você instruiu seu subordinado a preparar um relatório para apresentação às autoridades. Você pede o relatório e é informado de que ele ainda está trabalhando nisso.

E há situações mais difíceis que não conseguimos superar facilmente. Um bom amigo o critica duramente em público só porque você cometeu um erro descuidado. Sua irmã acusa você de ser egoísta porque não pôde visitar sua sogra doente.

Se você já esteve em alguma dessas situações, saberá que elas são potencialmente "explosivas".

Veja bem, nós apenas tocamos em desastres banais do dia a dia. Pense nas ofensas mais graves que você já enfrentou: a maioria de nós ainda guarda amargura e rancor contra aqueles que nos insultaram, que traíram nossa confiança ou nos enganaram. Assim como o câncer, a raiva e a mágoa deterioram os nossos corações.

Quando você pensa em alguns desses conflitos que talvez muitos de nós podem não ter enfrentado, como lidar com o adultério, o abuso sexual ou a violência doméstica, você pode imaginar a raiva, a dor e o sofrimento que as vítimas devem ter contra os seus agressores?

Mas a cada um de vocês que enfrentou provocações, maiores ou menores, a cada um que teve de suportar o peso da traição e da ofensa, deixe-me dizer: vocês também têm uma escolha. Você pode escolher uma atitude implacável e o câncer do ressentimento e da amargura; ou você pode escolher perdoar, esquecer, se curar e sentir a liberdade da clemência compassiva.

Eu consigo compreender bem a mágoa, a dor e o profundo sentimento de traição que as pessoas sentem quando foram vítimas das escolhas ruins, erradas e pecaminosas que outras pessoas fizeram; posso muito bem imaginá-los chorando de angústia contra qualquer apelo por perdão quanto mais por reconciliação. "Como você pode falar comigo sobre perdão? Se você ao menos soubesse a dor que eu passei em minha vida, nunca esperaria que eu perdoasse as pessoas que me infligiram tanto sofrimento."

Há homens adultos que se consideram fracassados porque seus pais lhes disseram repetidamente que eles não seriam bons na vida.

Há mulheres que sofrem de uma incurável baixa autoestima porque algum professor as chamou de estúpidas ou tolas.

Há moças que sofrem de graves distúrbios alimentares porque foram intimidadas por amigos por estarem acima do peso.

O perdão nem sempre é fácil. Como podem os pais perdoar o assassino de seus filhos? Como as mães podem perdoar os estupradores de suas filhas? Como alguém pode perdoar aqueles que massacraram sua família e seus amigos?

Sou o primeiro a admitir que não é fácil. Mas a alternativa é tornar-se como esses criminosos: intransigente, cruel e insensível. O perdão o desprende dos grilhões do ódio, o liberta da dor, da vergonha e da humilhação do passado, que felizmente está morto e se foi.

Pense nas pessoas que sofreram estupros, abusos, violência e tortura psicológica. É certo lhes dizer: "Perdoe e esqueça! Deixe Deus agir"?

Sim! Os perpetradores do mal terão de enfrentar as suas consequências cármicas de formas e meios que talvez nunca saibamos. Mas as vítimas, os inocentes feridos devem se curar, se recompor e continuar com as suas vidas.

E não, não estou sendo arbitrário, insensível ou indiferente. Não quero que você viva com as terríveis tristezas e as feridas inflamadas do seu passado. Você precisa estar livre da dor, da mágoa e do sofrimento para toda a vida; portanto, eu imploro a você encarecidamente, escolha o caminho da compaixão, do perdão e da cura. Você deve isso a si mesmo. A pessoa que o prejudicou cometeu a infração no passado. Você vai continuar a reviver os sofrimentos durante toda a sua vida? Você continuará a se prejudicar, redobrando a dor e a mágoa?

Não há limites para o perdão? O perdão não significa exonerar, desculpar ou tolerar as ações más? Isso não seria imoral, para não falar de ser antiético e injusto?

O escritor e poeta C.S. Lewis argumentou que o perdão transcende a ideia de justiça humana: por vezes envolve perdoar aquelas coisas que não podem ser perdoadas de forma alguma. É muito mais do que desculpar. Quando desculpamos alguém, simplesmente deixamos de lado os seus erros. Conforme ele diz: "Se a culpa não foi realmente de ninguém, então não há nada a perdoar. Nesse sentido, perdão e desculpa são quase opostos". Ele conclui: "O verdadeiro perdão significa olhar firmemente para o pecado, o pecado que resta sem qualquer desculpa, depois de todas as concessões terem sido feitas, e vê-lo em todo o seu horror, sujeira, mesquinhez e maldade, e, no entanto, estar totalmente reconciliado com a pessoa que o fez. Isso, e só isso, é o perdão".

Devo acrescentar que o perdão também está acima da justiça. A justiça procura castigar; o perdão busca a reconciliação. Como Shakespeare coloca tão belamente em sua peça, *O mercador de Veneza*:

> Embora a justiça seja o teu apelo, considera isto:
> Que, no curso da justiça, nenhum de nós deve ver salvação.
> Rezamos por misericórdia
> E essa mesma oração ensina a todos a prestar as obras de misericórdia.

Escolha perdoar e esquecer. É a melhor opção que se pode fazer.

Não foi à toa que Jesus nos deu a bela oração que diz: "Perdoai-nos as nossas ofensas assim como nós perdoamos a quem nos tem ofendido". E não, Jesus não está nos ensinando a pedir uma coisa por outra: Ele não está dizendo ao seu Pai, se perdoares os meus pecados, eu perdoarei aqueles que pecaram contra mim. É Deus quem deve perdoar a todos nós por nossas ofensas, grandes e pequenas. E Ele é muito mais gracioso, compassivo, amoroso e misericordioso do que podemos esperar ser. O que o Pai-nosso nos ensina é que não podemos abraçar livremente o amor e a compaixão de Deus por nós se não estivermos dispostos a perdoar os nossos semelhantes. Os canais internos dentro de nós, por meio dos quais o amor e o perdão de Deus podem fluir para os nossos corações, não podem e não devem ser obstruídos por amarguras e ressentimentos endurecidos. Em outras palavras, a nossa incapacidade e relutância em perdoar e esquecer aqueles que nos magoaram não devem se tornar um obstáculo intransponível no caminho de recebermos a graça e as bênçãos de Deus.

Escolha perdoar e esquecer. Escolha seguir em frente, deixando os sofrimentos e os fardos do passado para trás. Por quanto tempo você carregará essas cargas exaustivas e enfraquecedoras de raiva e miséria?

O perdão pode transformar a sua vida e abrir as portas do bem-estar, da abundância e da alegria para o seu mundo.

Todos nós consideramos o perdão como um direito de nascença quando se trata de nós mesmos: "Mas eu não quis dizer isso", nós falamos. "Não era essa a minha intenção." Quando se trata dos outros, somos sempre avarentos.

Se eu escolho não perdoar alguém, carrego um rancor dentro de mim. Esse rancor perturba a minha paz de espírito, o meu tesouro mais rico. Eu me recuso a perdoar alguém pelo que ele fez comigo. Posso não demonstrar, pode a outra pessoa não saber, mas a amargura deteriora o meu coração como uma ferida infecciosa não tratada. Eu carrego a cruz! Não perdoar o outro é um castigo que eu inflijo a mim mesmo. É como me trancar em uma cela estreita e jogar a chave fora.

Agarrar-se aos ressentimentos é prejudicar a si mesmo, é percorrer o caminho da morte espiritual. Decidir se livrar dos ressentimentos é percorrer o caminho que conduz a uma vida de liberdade e realização. A pessoa que se agarra à raiva ou ao ressentimento está, sem saber, causando a si mesmo uma destruição a partir de dentro. A pessoa que perdoa entra em uma nova vida de suave paz. O perdão é a sua própria recompensa. É quem perdoa, e não o perdoado, quem recebe o maior benefício. Portanto, devemos escolher o perdão em vez da raiva ou da vingança.

O espírito de perdão está faltando em nossas vidas atualmente. E, por conseguinte, o nosso estresse continua aumentando. E continua crescendo até que irrompe na forma de uma doença física ou de alguma outra doença.

Um sábio professor de grande reputação acadêmica estava motivando a sua turma na universidade. Depois de fazer uma introdução, ele apontou para um dos alunos e lhe pediu que lesse o texto em voz alta.

O estudante se levantou e começou a ler, segurando o livro em sua mão esquerda. "Essa não é a maneira de se comportar em sala de aula", disse o professor duramente. "Pegue o seu livro com a mão direita e sente-se."

O aluno parou de repente. Depois de um momento, silenciosamente, levantou o seu braço direito; ele não tinha a mão direita.

A turma ficou estranhamente silenciosa. Todos se sentiram desconfortáveis e magoados.

O professor ficou imóvel, perplexo; depois ele se levantou de seu lugar e caminhou lentamente até o local onde o jovem estava. Ele colocou o braço em volta do aluno e disse com lágrimas nos olhos: "Eu realmente sinto muito. Eu falei precipitadamente. Por favor, você pode me perdoar"?

O perdão é um poderoso lubrificante que mantém todos os nossos relacionamentos suaves e sem atrito. Muitas vezes encontramos portas, janelas e portões que começam a gemer e a ranger quando não são lubrificados. Do mesmo modo nós começamos a ranger sob estresse; o perdão pode afastar os rangidos.

Uma jovem mãe reuniu os seus dois filhos que brigavam e insistiu para que eles fizessem as pazes um com o outro. "Peça desculpas ao seu irmão", ela disse para sua filha. "E você, peça desculpas para a sua irmã."

"Desculpa", disse a menina. "Estou pedindo desculpas só da boca para fora porque a mamãe me pediu. Mas por dentro eu ainda estou com muita raiva de você!"

Esse não é o espírito de verdadeiro perdão. Não se encontra em palavras ou frases. Deve vir de dentro do coração.

Por que devemos perdoar?

Um distinto psicólogo enumera os seguintes pontos como os benefícios práticos do perdão:

- Em primeiro lugar, o perdão estimula o nosso crescimento espiritual que é atrofiado, interrompido por uma natureza implacável. Ele nos liberta da carga mortal do ressentimento e da culpa e nos permite usar a nossa energia espiritual de maneira construtiva.

- Segundo, o ato de perdão restaura a nossa vitalidade, resistência e entusiasmo pela vida.

- Terceiro, o perdão restabelece a paz e a harmonia em nossas vidas.

- Quarto, ele nos permite viver uma vida mais abundante, com uma alma limpa, um coração desimpedido e uma mente livre de ressentimentos e recriminações.

Ressentimento e raiva são emoções destrutivas. Elas nos prejudicam internamente. E os danos se manifestam em sintomas que são praticamente insuportáveis: a incapacidade de dormir em paz; uma sensação dolorosa na boca do estômago; um pesado fardo de tristeza no coração; uma dor de cabeça latejante; uma dor cegante.

Não é de se admirar que Emerson tenha escrito: "Para cada minuto que você se aborrece, você perde sessenta segundos de felicidade".

O perdão traz a promessa de liberdade e o alívio de tais sofrimentos.

Antes de encerrar, deixe-me narrar uma história que o fará se perguntar: será possível tal perdão?

A comunidade Amish é um grupo de Igrejas cristãs que formam um subgrupo das Igrejas Menonitas. Os Amish são conhecidos pela sua simplicidade de vida, pelas roupas modestas e pela relutância em adotar muitas conveniências da tecnologia moderna. Muitas pessoas não ouviram falar deles. Mas as suas práticas e crenças ganharam destaque em todo o mundo devido a um trágico incidente ocorrido em 2006. Deixe-me contar a história como foi relatada nos jornais e nas televisões naquele dia sombrio.

Na manhã de segunda-feira, 2 de outubro de 2006, 25 crianças estavam se acomodando em sua rotina de aula em uma escola Amish, em Nickel Mines, Pensilvânia. De repente um homem armado entrou na sala de aula e ordenou a professora e a todos os rapazes que deixassem a escola de uma só vez. Ele era Charles Roberts, um pai de quatro filhos, com 32 anos de idade, que tinha se tornado mentalmente instável após a morte de sua filha.

Apesar de seus repetidos apelos e protestos, a professora foi expulsa da sala; os meninos a seguiram, tremendo de medo. Roberts então amarrou os pés das dez meninas que restaram para que elas não pudessem se mover ou tentar escapar. Depois, em uma horrível cerimônia de execução, ele se preparou para atirar nas crianças com um fuzil automático e quatrocentos cartuchos de munição que trouxera especialmente para a tarefa. A refém mais velha, uma menina de treze anos, implorou a Roberts: "Atire em mim primeiro e deixe as pequenas irem". Recusando sua oferta, ele abriu fogo contra todas elas, matando cinco delas instantaneamente e deixando as outras gravemente feridas.

A polícia, que a essa altura já havia sido alertada, invadiu o edifício. Roberts atirou em si mesmo antes de ser capturado.

A motivação dele? "Estou com raiva de Deus por ter levado a minha filhinha", disse às meninas antes do massacre.

A história chamou a atenção das emissoras de TV e das mídias impressas nos Estados Unidos e em todo o mundo. Na terça-feira de manhã, cerca de cinquenta equipes de televisão lotaram a pequena vila de Nickel Mines, permanecendo durante cinco dias com suas vans de transmissão e seus equipamentos técnicos, até que o assassino e as assassinadas fossem sepultados.

O sangue mal havia secado no chão da escola quando os pais Amish trouxeram palavras de perdão à família do homem que havia matado as suas filhas. Mesmo com os seus corações ainda pesados e seus olhos ainda úmidos de lágrimas de tristeza, suas memórias ainda frescas dos funerais onde haviam enterrado suas próprias filhas, as famílias Amish, em luto, representavam metade das setenta e cinco pessoas que compareceram ao enterro do assassino. A viúva de Roberts ficou profundamente emocionada com a presença deles, enquanto as famílias Amish a cumprimentavam e aos seus três filhos. O perdão foi para além da conversa e da presença ao lado da sepultura: os Amish também patrocinaram um fundo para a família do atirador.

Apresentadores de televisão e espectadores incrédulos se perguntavam como era possível que tal perdão pudesse ser oferecido tão espontaneamente por um crime tão hediondo. Em programas de bate-papo e de debates ao vivo o assunto não era armas ou violência, mas o poder do perdão. Os experientes observadores dos meios de comunicação social concordaram que o perdão tinha, de fato, suplantado a trágica histórica, superando a violência e prendendo a atenção do mundo.

Uma semana após os assassinatos, o "perdão Amish" foi o assunto em discussão em mais de 2.400 notícias; desde o *Washington Post* até o *Khaleej Times*, de Larry King até Oprah Winfrey, centenas de meios de comunicação aclamaram o espírito de perdão dos Amish. Três semanas após o tiroteio, o "perdão Amish" apareceu em 2.900 notícias em todo o mundo e em 534 mil sites.

Essa história tem valiosas lições para todos nós. Como os Amish puderam fazer isso? O que esse ato significou para eles? E como o testemunho deles pode ser útil para nós?

Exercícios

1) Você precisa perdoar a si mesmo? A compaixão, tal como a caridade, deve começar em casa. Se você está com raiva de si mesmo por alguma coisa, deixe para lá.

2) Faça uma lista de todas as pessoas que mais o machucaram. Chame os seus nomes em voz alta, um por um, e perdoe-os. Na verdade, diga: "Sr. X, eu te perdoo". "Sra. Y,

eu te perdoo." Abençoe-os e liberte-os, e sinta a tremenda sensação de libertação que isso traz para você.

3) Você é uma daquelas pessoas que permitem que a raiva e o ressentimento aumentem por causa de pequenas coisas? Pratique a arte de deixar ir.

4) Escolha perdoar e esquecer.

14
Sétima afirmação positiva:
"Escolherei a bondade"

Escolha reagir ao mundo com gentileza, cortesia e amor; acredite em mim – isso voltará para você multiplicado.

Dalai Lama nos diz: "Seja gentil sempre que possível". Ele acrescenta: "É sempre possível".

A bondade e a cortesia são como o proverbial pão que você lança sobre as águas. "Depois de muitos dias", a Bíblia nos diz, "você o achará" [cf. Ecl 11,1].

Observe, não nos é dito para olhar para a esquerda e para a direita, considerar os prós e os contras cuidadosamente, julgar para onde nossa bondade é direcionada, se certificar de que aqueles que estão recebendo são dignos de nossa generosidade, ou qualquer coisa assim. "Lance o seu pão sobre as águas." Demonstre bondade sem condição; não considere o que isso pode trazer para você.

"Quando você tem a escolha de estar certo ou ser gentil, escolha ser gentil", disse Wayne Dyer, o psicólogo que se voltou para a espiritualidade e tornou o poder dessas duas disciplinas acessível aos seus muitos leitores. Escolha a gentileza e o amor! Penso que essa é a razão pela qual os avós, especialmente as avós, são as favoritas das crianças.

Quem de nós pode tolerar grosseria, falta de cortesia e mau humor? Todos nós gostamos de ser tratados com educação, compreensão e paciência. Para receber esse tratamento, devemos primeiro aprender a tratar os outros com gentileza e respeito.

O romance infantil *Wonder* [*Extraordinário*] foi publicado em 2012. Tornou-se um sucesso tal, entre todos, que foi transformado em filme e também inspirou uma campanha nacional *antibullying* nos Estados Unidos. O livro é sobre um menino com deformidade facial e o tratamento que ele enfrenta quando, depois de um período inicial de estudos em casa, seus pais decidem colocá-lo em uma escola onde ele possa crescer com outras crianças da sua idade. O menino, Auggie, encontra grande gentileza e compreensão por parte do diretor da escola, de seu professor da classe e de alguns amigos; mas há um grupo de meninos que o intimida impiedosamente e até mesmo alguns pais que acham que ele não deveria estar na escola com as outras crianças. Relativo a apenas um ano de escola, o livro revela a crueldade e a dureza que as crianças enfrentam com os alunos provocadores da escola.

Auggie sobrevive à provação e sai com louvor, aprendendo a aceitar a bondade dos amigos e perdoando a grosseria dos valentões. Na cerimônia de formatura do final do ano, Auggie é premiado com a medalha "Henry Ward Beecher", que "homenageia os alunos que foram notáveis ou exemplares em certas áreas ao longo do ano letivo". O diretor, o Sr. Tushman, diz aos estudantes reunidos: "Se cada pessoa nesta sala estabelecesse uma regra que, onde quer que esteja, sempre que puder, tentará ser um pouco mais gentil do que o necessário, o mundo seria um lugar melhor".

Você está ensinando os seus filhos a serem gentis, corteses e compassivos? A melhor maneira de fazer isso é sendo o seu modelo, estabelecendo um exemplo pessoal que eles podem seguir.

Conheço muitas pessoas que foram tratadas com muita dureza no trabalho por falhas e contratempos pelos quais não foram pessoalmente responsáveis. Alguns superiores precisam apenas liberar o seu mau humor sobre alguém – qualquer pessoa – e esses pobres funcionários se tornam os bodes expiatórios, suportando o peso de sua ira. Existe um atraso na entrega dos suprimentos? Existe uma falha de comunicação por parte de um cliente? Há algum atraso por parte do banco? Os acessos de raiva, os abusos, xingamentos e acusações são todos dirigidos ao infeliz subordinado que por acaso está presente, embora todos saibam que não é sua culpa.

Pessoas com uma natureza tão volátil e temperamentos altamente explosivos criam um ambiente de trabalho de elevado estresse e medo. A falta de gentileza e cortesia comum em situações estressantes marcam a psique dos empregados, e nenhuma quantidade de conversa doce, aumentos e festas depois do acontecimento pode compensar o que os empregados passam quando estão enfrentando o peso do mau humor do chefe.

Mesmo em tais situações – mesmo em ambientes empresariais onde milhões de dólares estão em jogo – é possível enfrentar a situação com cortesia e educação.

Se houve um magnata dos negócios que ganhou o título de "bom chefe" foi o próprio J.R.D. [Jehangir Ratanji Dadabhai], Tata da Índia. Ele começou a analisar por que os trabalhadores se sentiam hostis e desconfiados da direção e percebeu que eles se sentiam como engrenagens de uma máquina sem alma. Ele se propôs a fazê-los sentir que eram membros valiosos de uma organização amigável e humana. A Tata Steel foi a primeira a ter um departamento completo e empenhado de RH desde o início. A empresa foi pioneira na jornada de oito horas em 1912, muito antes de o princípio ter sido aceito nos Estados Unidos ou na Europa (a Grã-

-Bretanha introduziu a jornada de doze horas em 1911). Ela também introduziu a licença paga em 1920, enquanto na Índia isso foi estabelecido por lei apenas em 1945. A Tata Steel criou um fundo de previdência em 1920 que não foi legalizado até 1952.

Você pode chamar isso de prática empresarial inteligente ou progressista. Mas tudo isso foi iniciado por um homem e uma empresa que conheciam o valor da filantropia e da bondade. "Para ser um líder", disse J.R.D. Tata, "você tem de liderar os seres humanos com afeto".

Mas e se você enfrentar grosseria e indelicadeza em qualquer situação?

Não escolha a reação óbvia: a retaliação olho por olho. É tão fácil responder à grosseria com mais grosseria; é tão fácil entrar no jogo de culpar e gritar. Difunda a situação tensa com calma e bondade amorosa. Ou, pegando emprestado o vocabulário de Eric Berne, conduza gentilmente a criança que faz birra e convide o adulto são e sensato a assumir o controle da situação.

Os psicólogos dizem que muitas vezes são as pessoas que precisam desesperadamente ser amadas que agem de maneira cruel e pouco amável. Como lidamos com essas pessoas? Mais uma vez a Bíblia nos mostra o caminho. "O amor é paciente, é benigno; o amor não arde em ciúmes, não se ufana, não se ensoberbece" (1Cor 13,4).

É preciso muita coragem para tratar uma pessoa que esbraveja, que é abusiva e mal-educada com paciência e compreensão. Isso não significa que estamos permitindo que elas escapem impunes dos abusos e da violência verbal. Mas é provável que se sinta vergonha de seguir o seu exemplo.

Vamos admitir: essa pessoa abusiva, grosseira e rude pode ser o seu superior no trabalho, o seu cônjuge, o seu filho irado ou até mesmo o seu melhor amigo. Você não pode simplesmente deixá-los sair da sua vida. A alternativa é tratá-los com respeito e bondade amorosa, é se colocar no lugar deles para entender os seus sentimentos.

Jessica Walsh e Timothy Goodman eram dois profissionais egocêntricos, que muitas vezes não percebiam o que acontecia ao seu redor de tão ocupados que estavam com seu trabalho e vida social. De repente eles começaram a se fazer algumas perguntas difíceis:

"Então, por que às vezes é tão difícil ser gentil? Como podemos nos tornar menos críticos em relação aos outros e a nós mesmos? Tendemos a ver apenas o que queremos ver, ouvir o que queremos ouvir e nos cercar de pessoas que compartilham nossas próprias experiências e gostos. Inúmeros estudos científicos, artigos de jornais, textos religiosos e livros de autoconhecimento têm tentado nos ajudar a nos tornarmos pessoas mais gentis, mas com que frequência colocamos realmente esses conselhos em prática?"

Como todos nós, Tim e Jessie também tinham ouvido dizeres como: "Trate os outros da maneira como gostaria de ser tratado" e "Não julgue o outro até que você tenha caminhado um quilômetro em seus sapatos". Um belo dia Tim e Jessie decidiram aceitar esses sentimentos e aplicá-los literalmente em suas próprias vidas. Eles criaram um programa de 12 etapas projetado para mudar comportamentos (você também pode chamá-lo de experimento de 12 etapas) para confrontar a sua própria apatia e egoísmo.

Posso compartilhar com vocês o programa que eles criaram? (Os títulos podem surpreendê-los em princípio: Tim e Jessie são pessoas criativas.)

1) *Posso ajudá-lo?* Essa foi a pergunta que eles fizeram a pessoas completamente desconhecidas em situações difíceis.

2) *Abra os olhos.* Eles colocaram placas e cartazes de pessoas desaparecidas por toda a Nova York e perceberam que pou-

cas pessoas se preocupavam em olhar. (Não sei se isso é uma coisa boa ou ruim, mas as pessoas prestam mais atenção em cachorros desaparecidos do que em pessoas desaparecidas.)

3) *Mude isso!* Eles escolheram pessoas que trabalhavam em empregos que sempre tentamos ignorar e consideramos como um incômodo: vendedores aleatórios, entrevistadores, pessoas que vendem produtos que ninguém quer comprar e assim por diante. Tentaram ser mais gentis com essas pessoas conscientemente.

4) *Não se culpe!* Eles tentaram ser mais gentis consigo mesmos ao recordarem situações em que haviam se comportado mal. Eles aprenderam a se perdoar.

5) *Perdoe e esqueça.* Eles enfrentaram pessoas que os magoaram no passado e aprenderam a se livrar da amargura e do ressentimento.

6) *Enfrente-se.* Eles aprenderam a aceitar os seus próprios medos e inseguranças e a enfrentar as suas fraquezas sem deixar isso afetar seus comportamentos em relação aos outros.

7) *Mate-os com bondade.* Eles escolheram pessoas que haviam sido cruéis e pouco generosas com eles no passado e tentaram compreendê-las melhor, sendo gentis com elas e fazendo algo de bom por elas.

8) *Ande um quilômetro em seus sapatos.* Isso foi concebido para compreender e ter empatia com pessoas que escolheram ser diferentes das outras; para compreender os seus estilos de vida muito diferentes e o que os motivou a isso, em vez de simplesmente as rejeitar como aberrações ou esquisitas.

9) *Pense grande ou vá para casa.* Trata-se de algo feito especialmente para as pessoas de quem eram mais próximos e, infelizmente, eram negligenciadas justamente por causa dessa

proximidade. Eles se esforçaram para mostrar o seu apreço e gratidão às pessoas que eles subestimavam.

10) *Pague adiantado*! Nessa experiência inovadora, eles deixaram pequenas carteiras com dinheiro espalhadas pelas calçadas de Nova York com bilhetes para os estranhos que as pegassem, pedindo que gastassem o dinheiro em atos de bondade. Tim e Jessie também praticaram atos aleatórios de gentileza com estranhos.

11) *Use um sorriso*. Eles caminharam pela cidade de Nova York e sorriram para todos que encontraram. Eles se perguntavam quantas pessoas sorririam de volta para eles.

12) *Mergulhe fundo*. Eles decidiram criar um site e um blogue para compartilhar suas experiências com outras pessoas e para convidar outras pessoas a se juntarem à sua experiência.

Durante doze meses, Tim e Jessie tentaram abrir o seu coração, seus olhos e sua mente para se tornarem pessoas mais bondosas e empáticas. E para ambos foi uma experiência de aprendizagem que valeu a pena.

A divindade em uma pessoa é vista em suas ações de bondade, perdão, amor e compaixão. O elemento demoníaco se expressa em ações de vingança, inveja, ciúme, de fogo ardente de raiva, crueldade e críticas severas aos outros.

Houve um tempo em que nossas famílias exalavam o calor do amor e a serenidade da paz. Os membros da família ignoravam os defeitos uns dos outros, tinham compreensão, amor e tolerância; eles perdoavam os erros uns dos outros, se apoiavam mutuamente em tempos de crise e se amparavam em tempos de dor e de tragédia. As famílias se uniam em harmonia, vibrando com calma e felicidade. Havia uma bondade amorosa entre os mais velhos. Sempre que os jovens se rebelavam ou erravam, os mais velhos os envolviam ternamente com amor e bondade e os conduziam ao caminho certo.

Essa é uma das razões mais fortes para manter viva a família conjunta de três gerações.

A bondade amorosa não requer uma carteira recheada, membros fortes, feitos heroicos ou grandes e austeros sacrifícios. Uma mão amiga, uma palavra ou gesto amigável, um sorriso amável serão mais do que suficientes. E deixe-me acrescentar, nas palavras de Mark Twain: "A bondade é uma linguagem que os surdos podem ouvir e os cegos podem ler".

A bondade une o mundo pelo vínculo da unidade e da paz. Vou concluir com uma citação do livro *Sorrow Mountain: The journey of a tibetan warrior nun*. Lembre-se das palavras de Buda: "Na separação está a maior miséria do mundo, na compaixão está a verdadeira força do mundo".

Exercícios

1) Você é sempre gentil consigo mesmo e com as pessoas queridas que estão mais próximas de você?

2) Você pratica atos aleatórios de bondade para com desconhecidos e pessoas que conhece?

3) Você sempre espera que os outros sorriam para você / deseja isso antes de retribuir?

4) Você alguma vez já fez uma pausa para avaliar a bondade de Deus para com você?

5) Escolha a bondade como um modo de vida.

Leia também!

Conecte-se conosco:

 facebook.com/editoravozes

 @editoravozes

 @editora_vozes

 youtube.com/editoravozes

 +55 24 2233-9033

www.vozes.com.br

Conheça nossas lojas:

www.livrariavozes.com.br

Belo Horizonte – Brasília – Campinas – Cuiabá – Curitiba
Fortaleza – Juiz de Fora – Petrópolis – Recife – São Paulo

  Vozes de Bolso

EDITORA VOZES LTDA.
Rua Frei Luís, 100 – Centro – Cep 25689-900 – Petrópolis, RJ
Tel.: (24) 2233-9000 – E-mail: vendas@vozes.com.br